上海交通大学中国发展研究院
Shanghai Institute for National Economy

中国发展展望

共同富裕背景下的经济重构

主编／夏立军　副主编／周伟民

上海人民出版社

序　言

2021年，在中国和世界历史上，是不平凡的一年。

不平凡体现在，这一年是中国共产党成立一百周年，走过一百年光辉历程的中国共产党在实现了“让一部分人富裕起来”的基础上开始了实现共同富裕目标的更高追求。不平凡体现在，这一年人类还在抗击新冠肺炎疫情，全球经济面临着许多不确定性。

面对世界百年未有之大变局，把握新发展阶段，贯彻新发展理念，构建新发展格局，助力中华民族的伟大复兴，经济学家责无旁贷。这一年中，上海交通大学中国发展研究院的学者们一如既往地用心研究、勤奋写作、积极发声，留下了许多值得记录的文字。

受中发院院长陆铭教授邀请和指派，与周伟民教授一起来编辑这本记录中发院学者们2021年所思所想的《中国发展展望——共同富裕背景下的经济重构》，我深感荣幸。同时，作为一名会计学教授，编辑经济学家们的作品，又不免惶恐，因此在周伟民教授完成了大部分编辑工作之后，我的序言写作任务一直难以起笔。

好在会计作为人类社会广泛使用的经济信息系统与治理工具，与经济学密不可分，也可以说是经济学不可分割的组成部分。而且，过去十多年中，我的研究一直将新制度经济学与会计、公司治理、企业发展及中国资本市场发展融合起来。这样，乐观地说，大体上应该可以理解经济学家们的思想、主张和真知灼见吧，那我就试着从一个经济学“外行”角度来盘点一下本书所收录文章形成的重要学术“资产”。

首先，在工业化的后期，制造业还是服务业是中国未来经济发展的关键引擎？长期以来，服务业比重的提高被视为经济现代化的一个重要标志。然而，抗击疫情的实践，凸显了制造业在中国这样的人口大国的重要性。在中国经济现代化的过程中，制造业与服务业到底是怎样的关系？作为本书的年度主题，且看张斌、何帆、陈宪、张斌、奚锡灿四位教授的深度思考和讨论。赵昱名与黄少卿合作的文章则对数字技术与服务业就业的关系进行了研究。或许，从交易成本经济学来讲，服务于生产制造或消费的服务业，本身也是节约企业内部和市场交易成本的机制，因而制造业与服务业可能未必是鱼和熊掌不可兼得的关系，而可能是鱼和水的交融互补关系，更好的水养更大的鱼，更大的鱼需要更好的水？

其次，在新的发展格局下，如何理解城市和城市化？如何理解都市圈与城市群？更基础的问题是，如何理解中国经济的地理空间结构和布局？作为长期研究中国城市和城市化问题的专家，陆铭、陈宪、刘守英等教授的一系列文章和对话回答了其中的重大理论问题，并给出了丰富的数据和证据。中国未来要实现共同富裕，不能养懒汉，不能劫富济贫，不能过于依赖授之以鱼的转移支付，必定需要继续高效率地做大总的蛋糕，同时为低收入人群提供更均等的参与做大蛋糕、参与分配蛋糕的机会，也就是授之以渔。因此，共同富裕的目标与陆铭教授等一向倡导的“在集聚中走向平衡”“在发展中营造平衡”的主张实际上不谋而合。

第三，中国的经济增长越来越需要依靠技术创新，那么技术创新或颠覆性技术创新哪里来？产业政策和制度创新如何发挥作用？

黄少卿、陈宪、何帆等教授的专题文章对这些问题给出了深入分析。许志伟教授的文章则提给出了数据资本如何作为经济增长新动力的思考。毫无疑问，技术创新依赖于有效的制度体系，特别是良好的资本市场和教育系统制度体系。良好的资本市场是高科技企业以及传统企业转型升级的动力来源、资金来源和风险分担的重要机制，而教育系统的好坏则关系到技术创新的人才储备和作为技术创新源头的基础研究的质量。

第四，过去30年中，中国资本市场取得了巨大发展。但是，市场化、法治化、国际化的滞后也制约了中国资本市场资源配置的效率。近年来，科创板的设立并试点注册制、创业板试点注册制、新《证券法》的颁布实施等资本市场重大改革措施，使得资本市场取代银行系统成为中国的金融枢纽和科创动力。方芳、夏立军和曹宇莲的文章揭示了IPO高度管制的代价，对实施注册制改革的必要性提供了启发。何帆和许志伟两位教授考察了债券市场有关的风险，回答了地方政府债务背后的行为逻辑。李楠、陈开宇、John Van Fleet、钱军辉等教授分析了数字人民币及美国资本市场相关的问题。

第五，教育系统的好坏关乎中国经济的人力资本积累和作为技术创新源头的基础研究的质量，如何打造具有全球竞争力的教育系统，极其重要。江明、陈岩、Onur Kesten三位教授合作在《美国科学院院刊》(*PNAS*)上发表的论文研究了中国的高考录取机制的效应。他们发现，平行志愿机制相对顺序志愿机制显著降低了学生志愿填报的风险，优化了高考录取过程中的人才资源配置。陆铭教授的文章则探讨了农村基础教育和城市基础教育相关的制度障碍，指出了实现教育均等化的重要性和改革方向。与人力资本积累有关的另一个问题是退休政策，封进、王洋两位教授在对话中指出，延迟退休政策不能一刀切，需要精准施策。

最后，在实现共同富裕目标的背景下，如何缩小收入差距？如何应对全球经济慢性萧条的风险，实现中国经济转型以做大蛋糕？钱军辉教授的文章指出，共同富裕是一个美好的远景和长期目标，不能操之过急，亦需要遵循经济规律，同时需重视受教育机会的均等化。潘英丽教授的文章指出了全球慢性萧条风险的三个结构性根源：贫富两极分化、消费市场的全球失衡、发展中国家的制度缺陷和投资风险。文章进一步指出，中国经济转型的核心是培育有效率的企业组织，而这有赖于政府自身的职能转型。

在盘点收录本书的上述重要学术"资产"的时候，中国共产党第十九届中央委员会第六次全体会议公报正式发布，会议审议通过了《中共中央关于党的百年奋斗重大成就和历史经验的决议》和《关于召开党的第二十次全国代表大会的决议》。随着中国共产党踏上了实现第二个百年奋斗目标的新征程，在把握新发展阶段、贯彻新发展理念、构建新发展格局的过程中，必定有许多新的重大课题摆在经济学家们的面前。相信并祝愿中发院的学者们，在新的一年再有新的洞见。

夏立军

2021 年 11 月 11 日

目　录

年度主题

从制造到服务：谁是未来经济的关键引擎？

张　斌　何　帆　陈　宪　奚锡灿*

作为一个发展中的经济体，对于经济结构问题的研究十分重要。未来十年，面对新的全球经济变局，中国迎来了经济结构深度调整的重大机遇期。制造业与服务业，在整个经济结构中扮演着重要的角色，理性看待工业与消费之间的发展关系，对于处理中国经济结构优化转型期的诸多问题至关重要。

回顾历史发展趋势，我们不禁好奇：从工业化高峰期到如今，中国经济结构转型经历了怎样的发展趋势？与全球其他国家相比呈现出怎样的特点？展望未来，我们不禁要问：从制造业到服务业，提振增长动能中两者怎样联动？

围绕上述问题，中国社会科学院世界经济与政治研究所副所长张斌、上海交通大学安泰经济与管理学院教授何帆、上海交通大学安泰经济与管理学院教授陈宪、复旦大学经济学院助理教授奚锡灿展开了深入讨论。

---

* 张斌，中国社会科学院世界经济与政治研究所副所长。
何帆，上海交通大学安泰经济与管理学院教授。
陈宪，上海交通大学安泰经济与管理学院教授。
奚锡灿，复旦大学经济学院助理教授。

张斌：服务业发展促进制造业升级

把时间拉长来看，不同经济时代都具有独特的经济画像。整个农业时代，人均 GDP 周而复始的循环之后其实没什么增长。到了工业时代，人均 GDP、人均生产率像坐火箭一样上去了。高增长、高投资、高储蓄，很多国家贸易顺差也很高，这是工业化时代，特别在工业化高峰期能够看到的非常典型的事实。

我们当今这个时代的经济画像是什么？从 GDP 增长速度来看，中国经济增速高歌猛进阶段已经过去，2012 年以来经济增速在持续下降。从生产结构来看，在工业化的高峰期，工业部门增长速度最快，2012 年以来工业部门增长速度持续慢于服务业部门的增长速度。从支出结构来看，投资率在工业化高峰期持续上升，2012 年以来持续下降。

其他高收入国家在类似的人均收入水平上，也普遍出现类似的情况。这些现象背后有着连贯的线索。变化起点是消费结构的变化，是从制造到服务的消费结构升级。当消费支出发生变化的时候，生产结构自然而然也会发生变化。对传统的制造业产品消费需求下降后，其实我们还有新的需求，要消费升级。需要什么？需要的就是更多转向服务。转向服务并不是所有的服务业消费支出都会增加，而是仅限于人力资本密集型服务业。不光是中国这样，发达国家也这样。

住宿、餐饮、批发、零售这些劳动密集型的服务业其实总的需求增长速度并没有更快，即便是整个消费转向服务了，这些劳动密集型服务的增长速度甚至慢于 GDP 的增长速度。

什么样的服务增长快？科研、教育、医疗、金融、商业服务，这些人力资本比较密集的服务增长得更快。人力资本密集的服务不光是为了满足消费升级的需要,同时要满足制造升级的需要,制造业升级同时也是需要那些教育、科研包括商业服务,制造业也需要这些人力资本密集型服务业。

过去这些年里,一个行业的增长速度跟行业里人力资本密集度是高度相关的。一个行业从业人员的平均受教育程度越高,这个行业的增速也更高。

需求端的结构变化会导致供给端的结构变化,供给端的结构变化指向人力资本。与人力资本相关的还有一个连锁反应,那就是从城镇化到都市化。

劳动力在竞争,企业在竞争,城市也在竞争。在城市竞争过程中,大都市有更高的密度,更大的多样性,人与人之间相互学习成本也更低。当看到更多的差异性以后,就更能够激励学习的欲望。

大都市还能够得到更高的人力资本回报。如果你是一个非常高级的寿司店师傅,在一个四五线小城市未必能找到高收入的就业机会。但你到了大都市,这方面的人力资本就能得到很高的回报。

中国有没有过早去工业化,大家比较关注。中国从制造到服务转型的动作,跟高收入国家的经历是高度一致的,跟拉美是完全不一样的。拉美人均年收入才五六千美元,工业增加值占 GDP 的峰值不超过 30%就开始去工业化了。而中国不是这样的,中国转型所对应的人均收入水平和制造业份额峰值与高收入国家经历完全是一样的。

我们不光看转型的时点,还要看转型之后表现怎么样。从研发环节、生产环节到产品环节来看,中国制造业工业化高峰期以后的产业升级情况还是不错的。工业化高峰期之后的后十年,制造业部门的份额占 GDP 的份额,日本占 30%,德国也是大约 30%,美国可能低一点，发达国家平均下来是 30%，中国正好也是 30%。中国在工业化之后这十年的变化，整个制造业在 GDP 的占比也是非常标准的，不光转型没有早，转型之后这十年的变化轨迹虽然也过了工业化高峰期，工业部门还是很重要，不能轻视工业部门，这个我想没有任何疑问。但是，未来工业部门的升级靠什么？

在回答这个问题之前，我们先想一下农业部门的升级靠的是什么？农业部门的升级靠的不是农业部门内部去怎么使劲，靠的是工业。工业部门起来了，农业部门才真正实现了现代化生产，才能真正有质变，原料、化肥、农用机械、育种其实都是制造业里搞的。

同样的道理，制造业部门想升级不是在制造业内部打转，靠的是服务。从最前端的基础教育、研发、知识产权保护，到后端的商业模式，各种各样商业服务的支持，这些是支持制造业升级根本的依托。

我们制造业以后要升级，不是把制造业份额做得更大，而是把服务业提升上去。服务业提升上去之后，对制造业升级是提供支持的。制造业越进步，效率越高，制造业份额应该越低才对，因为用越低的劳动力和资本投入，生产出来的产品就能够满足国内的需求。

生产型服务业很重要，消费型服务业难道不重要吗？

城市生活方式离不开消费型服务业。大家想象一种状态：只有工业化的生产，没有城镇化的生活，工业化还能不能走下去？没有现代城市生活提供的消费需求，工业品卖给谁？不能光想着生产端的效率提高，同时要想到必须有人买才行。不可能全部都到国际市场，必须要有国内市场。城市生活方式提供了持续而且不断扩张的消费工业品需求，带动工业品需求的扩张，同时带动工业部门的增长。

如果我们的消费型服务业能更好发展，基本的公共服务做得更好,接近 3 亿农民工真正进入城市生活,他们的工业品消费会有持续提升,消费种类会有持续扩张,这对我们的工业部门来说是很大的发展潜力。所以,生产型服务业和生活型服务业都很重要。

何帆:关注国内出现的新增长极

很多服务业尤其是高端服务业在一线城市、大都市里才会有。

中国现在有很多四线、五线的县城,县城只能发展服务业,反而发展不了制造业,只是它们的服务业跟大城市的服务业不一样。

服务业是不是一定要在大城市做?当我们强调服务业种类多样和服务业质量高端的时候,必须在一线城市。但是当用更低廉的价格提供一个性价比很高的服务时,可能在小城市也能发展。

我能看到的是,中国城镇化的格局这几年有一点变化。原来我们讲得比较多的是长三角、珠三角,而且越来越集中。那个时期中西部地区基本上在衰落。但是那个时期基本上就是 2000 年到 2010 年,是中国加入全球化发展最快的时候。

西安、兰州、武汉、郑州最近经历了一个重新振兴。这个时间基本上都是在 2008 年以后。第七次人口普查显示,成都的人口比深圳还多,我觉得其实有一个新的变化,就是中西部地区在崛起,尤其是省会城市在崛起。

我跟张斌都是河南人,郑州有个老乡跟我说赶紧回来看看吧,我们郑州未来目标是变成长江以北第二大城市。我心想,郑州我太熟悉了,怎么可能变成长江以北第二大城市?后来我把过去 30 年中国城市发展的数据拿来看——原来排在郑州前面的西安、济南、哈尔滨都被甩在后面了。现在,郑州距离这个宏大的目标还有两个巨大的“拦路虎”,其中一个是青岛,但是青岛的 GDP 已经和郑州差不多了。

我个人觉得，一线城市的发展潜力由于人为限制没有完全释放，但是同时不能忽视中国的格局在出现变化，会出现新的增长极，它们的增长速度可能还会更快。

县城现在变成了农村人口集聚地，因为公共服务在县城，医院在县城，学校在县城。中国未来无论是服务业的发展，还是城镇化的发展，情况都会更复杂。不是一个故事，而是会有几个不同的故事发生。

陈宪：重新认识制造和服务关系

按照现行统计，20 世纪 90 年代初开始认识到制造和服务关系问题的时候，当时中国的服务业占比确实是很低的。上海提出浦东开发开放的时候，发现上海的服务业增加值占比不到三分之一，很低。

这里面和张斌老师刚才讲的有关。那时候中国很多工业投资的回报效益下降了。当时一位经济学家在大力呼吁发展服务业，说要把服务业增加值占比作为一个约束性指标，地方政府都要提高服务业增加值占比，发展服务经济，这就出问题了。

当时，一些地方也去形成以服务经济为主的产业结构。到现在，有的地方经济已经受到了影响，也就是我们讲的空心化。工业不行了，又没有发展服务业的需求，尤其是生产性服务业的需求，所以服务也没有发展起来。

张斌老师抓到一个很重要的方面，他把起点定在消费上升、收入的增加，慢慢地服务业就发展起来，我觉得这是他的分析逻辑。这和我们现在的发展逻辑是很吻合的。

当然，我刚才也提到服务的统计。因为统计总是有一定的滞后性，而且统计的体系中国与现在国际上许多地方确实是没有完全结合的。以建筑业举例来说，按照世贸组织对服务业的分类，建筑业被放在服务业中。而中国建筑业还是放在工业里。在统计局的统计中，工业包括建筑业和制造业，从大的第二产业来讲，四大部门中也有建筑业。

很多西方国家把建筑业作为服务业。他们认为房子是不可移动的，而产品都是移动的，不可移动就是提供服务的。刚才我也注意到，张斌老师用就业数据，这个是非常好的。那么，建筑业的就业在中国是不是也被统计在工业制造业里？

按照现在现行的制造业、服务业的统计，其对经济现实的反映，确实是有一定的滞后。当然设计一个更好的统计体系需要很长的时间。但是问题必须看到，统计对服务的反映，对结构的反映是有一些问题的。

这些年，智能化的发展也提出了一个很重要的角度——怎么重新认识制造和服务的关系？原来的"第一、第二、第三产业"是一个序数，认为这是产业往高端走，从第一个农业到第二个制造，然后到了第三产业服务。

但智能化的发展，使很多智能服务都依赖于很强大的制造。如果没有强大的制造，这些服务是没法提供的。所以智能化发展提出一个问题，怎么重新认识制造和服务的关系，而不再按照原来线性的认识？

拿手机来说，手机制造出来以后的功能主要是提供服务。但是，怎样能够把提供这些服务的平台和工具制造出来？这就是一个很重要的问题。这个问题以后怎么以更好的事实经验去做研究，值得我们思考。

奚锡灿：推进城镇化和服务业发展

正如张斌老师提到的，从定量角度来看，我们国家真正的短板其实出现在服务业。我和上海交通大学陆铭、钟粤俊最新的研究显示，这跟我们中国城镇化水平和人口集聚不足有极其密切的关系。

刚才张斌老师提到，实际上，服务业大部分集中在大城市，尤其是特大城市。这是因为，大城市有集聚效应。这个集聚效应可能体现在生产上，更容易学习到新的技术，更容易有正向的溢出，可以更容易地通过人力资本的积累而拥有更高的生产力。

另一方面，这与服务业在消费上的特性也是有关系的。服务产品跟制造产品有个重要的差别：服务业产品很难贸易，通常只能通过消费者和生产者之间面对面的互动来完成。因此人口密度对于服务业的发展有极其重要的作用。就拿上海跟我国的小城镇相比，上海的一大优势在于它能提供琳琅满目的服务业产品。仅以餐饮为例，在上海，我们能在一个很小的区域内，就找到来自全国各地甚至世界各地的风味。如果住在小城镇里，就无法在日常生活中享受到这一切，除非坐飞机来到大城市。但这个成本是非常大的。但制造业不一样，制造业产品可以卖到世界各地，就算居住在小城镇里，也能通过快递购买世界各地的制造业产品。

我们也知道，我们国家在历史上很长一段时间内，在城镇化政策的导向上都是偏向农村、偏向中小城市的。这样做的结果，是我们的劳动力和其他生产资源过度分散在人口密度太低的地方。人口密度太低，发展服务业就没有比较优势。我也很赞同刚才陈宪老师说的，我们不是说任何地方都要发展服务业，在任何地方都要设定一个服务业占比的指标，这肯定是不合理的。我们有中心大城市，就有外围城市和乡镇，中心城市跟外围地区的产业分工是不一样的。中心城市在服务业上有巨大的比较优势，因此更容易发展服务业。

所以，如果生产资源像摊大饼一样往各个地方摊开的话，整个经济体的服务业占比就会偏低。另外，我们大概有3亿农民工往来于城乡之间，没有真正融入城市。一方面，他们没有办法享受城市里的服务产品，另一方面，也基本上被二元结构排斥在城市公共服务体系之外。这两个因素使得这些人虽然在城市部门工作，但是却没有平等地享受城市部门的服务业产品。

我们做了一个简单的匡算，如果我们的城镇化水平和人口集聚，能够达到发达国家历史上的同等水平，那么我们的服务业在宏观经济中的占比大概能提高3—5个百分点。

（原载《每日经济新闻》2021年6月18日）

发展评论

颠覆性技术创新与产业政策范式转换

黄少卿*

一

谈产业政策范式转换，首先需要说清楚，我们一直以来实施的产业政策的范式是什么样的，有哪些特征，并且如何评价其成效。

过去很长一段时间以来，中国绝大部分的产业和企业是远离全球技术前沿的。中国是一个后发国家，处在技术的追赶阶段，其产业政策的一个重要目标是引进、吸收国外先进技术，并且对它们进行本土化。本土化就是基于我们国家资源禀赋的特征来加以适应性创新。并且，利用这些引进的技术通过规模化生产方式来实现规模经济，降低生产成本，提升中国经济的全球竞争力，从而完成经济追赶的大目标。可以说，这是理解中国产业政策的逻辑起点。

中国在经济追赶阶段实施的产业政策，其最大特征就是很多学者指出来的"选择性"特征。"选择性"不但是指要选择具体的产业，而且往往也要选择具体的企业来完成追赶的政策目标。正是在这个基本特征的基础上，又衍生出一系列具体特征：1.目标主体上，产

* 黄少卿，上海交通大学安泰经济与管理学院教授。

业政策偏好扶持大企业，尤其是国有大企业，大企业往往具有资本密集型特征，更加容易实现规模经济；或者是偏好扶持有政治关联的企业，包括民营企业，帮助它们尽快做大规模。2.工具选择上，产业政策偏好要素价格干预型政策工具——比如说压制利率和压制工业用地价格。中国在改革开放阶段，长期以来的经济政策一直具有金融压制的色彩，我们也可以把金融压制政策理解为是为了和产业政策相配套而实施的。压制利率进行金融资源的配给，压制工业用地价格进行土地资源的配给，从而使被扶持企业降低其规模化过程中的成本。此外，各级政府也偏好运用鼓励企业收购兼并的产业组织政策来组建行业龙头企业，以达到规模化效果。3.行为导向上，产业政策偏好鼓励出口，或者说行业选择上偏好有利于出口的行业及其企业。因为规模化生产很可能导致我们难以依靠国内市场来消化其产量，必须借助国际市场来完成这样一个过程。这三个方面都是选择性产业政策非常明显的具体特征。

如何评价追赶阶段的选择性产业政策成效？从结果来看，这个政策似乎颇有成效，毕竟中国已经成为世界上最重要的，占据全球产业链上制造环节比重最高的国家。为什么这个产业政策显得相对有效？在我看来，两个因素的存在降低了选择性产业政策的潜在出错概率。这两个因素一是生产制造环节或服务环节本身具有规模经济特征。如果这个产业真的具有规模经济特征，对应的产业政策很可能会成功；二是在追赶阶段，成熟的前沿技术具有相对明确的技术标准和技术路线，降低了选择错误技术路线的可能性。技术相对成熟也意味着产生新技术的机会有限，减少了中小企业特别是新创企业具有的选择权价值，中小企业被忽视掉、牺牲掉没有多大的机会成本。例如高铁的成功，我想高铁特别明显地符合这两个特点：规模经济和技术路线明确。高铁固定成本巨大，规模经济效应突出,而且高铁部分技术是在已有的德国、日本的技术基础之上展开的,当然我们有自己的创新。因为这两个因素的存在,选择性产业政策出错的概率大幅度降低,换句话说成功的可能性大大提高了。

除此之外,选择性产业政策能够有效,还有另外两点原因。第一,中国在体制转型时期,中央和地方政府之间形成了一种权力分享型结构,央地政府的权力是高度同构的。我和合作者基于理论模型的分析发现,在这种分享型体制下,地方官员往往会扶持最有生产效率的企业,因为这是其最优行为策略。只有尽可能扶持有效率的企业,才会最大可能地实现企业家租金,而最大可能的企业家租金也意味着最大可能的官员权力租金。在这个意义上,官员选差的企业的动力比较弱,这也是导致选择性产业政策效果不错的原因。

第二,选择性产业政策追求出口导向,而出口导向的内在要求是要发展具有比较优势的产业。选择性产业政策所挑选出来的很多产业的确是我们具有比较优势的产业。发展没有比较优势的产业对官员来讲并不是激励相容的,因为更不容易实现其想要追求的产业政策目标。出口导向恰恰促进了中国参与全球分工,有利于提高企业生产效率和提升竞争力。

即便如此,我们并不能认为这种产业政策在资源配置上是帕累托最优的。前面我们认为它大体有效,但恐怕很难说它达到了最优。原因同样有几个方面:一是地方官员往往是在有政治关联的企业中而不是在全社会去选择效率最高的企业,所以,这种选择往往包含着削弱竞争的色彩。地方官员不能让跟自己没关系而更强的企业把自己选上的企业打趴下。这导致被选出来的企业一旦被保护起来以后,就会慢慢失去其既有效率,最后变成企业内部无效率——X 无效率现象,这个现象会随着时间而产生越来越严重的后果。

二是因为选择性产业政策偏好采用对生产要素价格进行干预的政策工具，导致中国的出口虽然有比较优势因素在发挥作用，但是又掺杂了绝对优势因素。降低生产要素的价格会降低企业的绝对财务成本，从而提升企业出口竞争力。这是人为创造的虚假优势，导致相比于从比较优势的角度来评判的最优出口量，企业的实际出口量或者说产业的实际出口量往往是过度的，我们出口太多了。过度出口不但没有效率，而且诱发中国和国际上其他国家严重的贸易摩擦现象。这种现象跟选择性产业政策所使用的工具有内在的逻辑联系。

第三，价格干预型工具容易滋生寻租和腐败。因为优惠价格给你也是给，给我也是给，谁跟政府有关系就更容易拿到低成本资源，企业就会去寻租。寻租本身最大的浪费是寻租过程所消耗的生产要素和资源被白白损耗掉了。由此引发的更加严重的问题是，部分腐败的政府官员把追赶阶段选择性产业政策的某些目标——比方说要去追求更高水平的技术、追求规模经济——都被放弃了，最后选出的不是有更高技术水平的企业，不是具有规模经济的企业，当然，也会导致被扶持企业规模过大而变成规模不经济的现象。

所以，和高度集中的计划经济相比，政府用选择性产业政策代替计划，这的确是一个帕累托改进的过程，提高了中国经济的资源配置效率，促成了中国经济在改革过程中得到快速发展。但是，和理论上的帕累托最优点相比，选择性产业政策的实际成效恐怕会有相当大差距——尽管严格意义上我们并不知道那个最优点在哪里。

二

我们要进一步阐述，随着中国的技术进步，部分企业、部分行业逐步走到技术前沿，更重要的是，新一轮技术革命对于那些既有技术会产生创造性毁灭效果，使得中国和技术前沿国家在传统技术中的差距变得不重要了——在传统技术上中国跟先进国家本来是有差距的，但颠覆性技术一来就抹平了。颠覆性技术创新的出现使得中国的部分企业、部分行业和原来技术先进的国家有可能站在同一个起跑线上。中国一直以来的选择性产业政策尽管过去看上去产生了一定成效，但随着这个新时代的来临，正面临着全面失效的危险。为什么它可能会全面失效？过去的成功为什么会成为未来的陷阱？对此，我想强调几点：

第一，颠覆性技术创新的确已经出现，或正在出现，如汽车行业的无人驾驶技术，如 5G 技术。尤其是，现在中央非常关注的半导体行业，随着摩尔定律逼近物理极限，半导体制程节点已经来到 5 纳米，正在向 3 纳米前进，而到达 5 纳米后，量子效应就要出现。不是说物理意义上不能继续，而是量子效应出现后，测不准原理起作用了，从而使硅基半导体集成电路器件功能失效。在这个意义上来讲，过去基于摩尔定律以提高晶体集成度来降低成本的技术路线必然要被打破，这一点是确定的。现在不确定的是，颠覆性技术新路线的方向在哪里？是开发新材料吗？碳化硅、氮化镓、氮化铝，还是金刚石？有这么多新材料可供我们去开发，但人类尚不知道哪个方向会有更好的发展。还是要开发新工艺，要把芯片架构搞得更复杂些？还是要引入新的设计理念，从单个系统集成到多系统多功能集成？现在这些方面都在被尝试，最终需要市场竞争来决定颠覆性技术的突破方向。

第二，颠覆性技术的不确定带来两个重大变化：一是规模经济不再重要了，甚至是危险的。为什么？选择性产业政策一旦选错了技术路线，前面砸的钱就全军覆没了，甚至由此失去技术开发的先机。20世纪80年代日本在高清晰电视上选择模拟技术是一个失败的惨重教训，今天对我们依然具有警示价值。在这个意义上来讲，对于目前中国5G发展战略的评价我更愿意持保留态度，因为我们并不知道中国的5G技术路线未来能否成为世界主导的技术路线。譬如，马斯克希望把上万颗卫星打到天上去，形成所谓"天网"，那个东西弄出来我们的5G网络的价值会面临巨大挑战。今天我们砸海量的钱上5G，但未来到底会怎么样我们并不知道。也许有人会说，"天网"技术可能太超前了，就像当年高清技术电视要做模拟技术的时候，日本也有专家认为，数字技术要传输的数据量太大，短时间根本不能商业化。但谁知道一个非常小的公司，通过算法把压缩和解压缩技术搞出来了，迅速降低数据传输的成本，最终碾压了日本的模拟技术，让日本此前10多亿美元的投资付诸东流。在技术前沿领域，我们谁都不知道未来会是什么技术真正有前景，这要通过竞争才能最终被市场筛选出来。由此，规模经济可能没那么重要，特别是颠覆性技术发展的最初阶段。

二是中小企业的选择权价值开始高度凸显，因为潜在最优技术路线很有可能就掌握在某一个中小企业手里。因此，一个国家要在前沿技术竞争中取得优势，一定要发展足够多的中小企业。正是这些中小企业给出的方方面面的技术路线当中，存在着最有前景、最有希望的技术路线。所以，颠覆性技术创新时代中小企业的发展将变得非常重要。

这两个变化直接导致中国过去选择性产业政策的成功经验丧失掉其价值，甚至恰恰会成为未来风险的根源和陷阱。我们最近的一个经验研究发现，中国"选择赢家"的选择性产业政策实施的结果，就是被选中企业最后果然成了赢家。在高技术行业，政府补贴助推被补贴企业进行更多技术创新，成功地增加市场份额，从而提高了生产效率。但是,没有被选上的企业则出现了生产率下降,因为市场份额被窃取,甚至最终变成僵尸企业。问题在于,恰恰是这些没有被政府选上的中小企业,在颠覆性技术革命的时代具有重大的选择权价值。如果说在追赶阶段,牺牲掉它们的价值损失不大的话,到了今天,我们要继续坚持选择赢家的产业政策就会非常危险。只有促进创新创业,尽可能多地发展中小企业,让它们快速成长起来,才能在经济发展中发挥出重要的选择权价值。由此,产业政策范式要实现从选择性向功能性的转变确确实实非常重要、非常迫切。

三

那么,功能性产业政策范式包括什么?特征是什么?有哪些政策诉求?这个问题很复杂,我从自己的理解谈几个初步的想法。

第一,以阿罗 20 世纪 60 年代经典论文的理论框架为基础,政府必须鼓励普遍性技术创新。我们团队的上述经验分析文章还发现,一个行业能不能够一般意义上拿到更多的政府补贴,对于能否促进这个行业的技术创新是非常有效的。我们用平均补贴率来看功能性产业政策对一个行业生产效率的提升,发现政策相当有效果,哪怕在过去追赶阶段也是如此。换句话说,政府普遍性助推创新活动,帮助企业迈过创新死亡陷阱这件事情很重要。但是,怎么补贴还要做非常细致的机制设计。在我们看来,不应根据企业的某些特征去筛选被补贴企业,比如说投资金额达到多少,研究人员有多少,这些东西未必是重要的前提条件。而应该实施基于规则的财政支持政策,比方刚才讲的研发抵免税,有研发投入就可以抵免税。今后需要运用更多基于普惠规则的功能性产业政策工具。

第二,在以科学为基础的技术创新时代,颠覆性技术创新机会必须建立在科学繁荣的基础上。最近中信出版社重新出版了范内瓦·布什的《科学:无尽的前沿》一书,这是科学政策的开创性著作,其中特别强调了企业开展技术开发得到的实用知识都是来自科学资本,来自科学本身的繁荣。因此,未来功能型产业政策要和科学政策更紧密地相结合。但是,当前中国的科学政策体系不够完善,导致基础研究过于薄弱,我们必须意识到这一点。

第三,随着中小企业的选择权价值越来越凸显,未来功能性产业政策必须和竞争政策进一步相结合。如何构建有利于创业创新的营商环境,包括最近讲的反垄断监管,这是竞争政策的核心内容。目前,大量的各种新技术中小企业被并购进大企业、大平台公司,由此其技术被雪藏起来,甚至直接遭到扼杀,这种行为一定要引起足够的重视,有足够的监管措施跟上。反垄断监管越来越需要提上议事日程。

第四,科学繁荣和技术创新活跃都要依靠人才。科学和技术人才的培养在目前阶段显得越来越重要。这就要求功能性产业政策必须和人才培养政策更紧密结合。

很遗憾的是,当前中国上述各方面的制度环境都存在需要完善的地方,导致激励扭曲。比如说,科学作为基础研究需要以政府的财政收入作为主要融资机制。但是中国的情况是政府给的钱很少。由此,科学家不得不从社会和企业获得财务支持,从而把社会和企业,乃至政府的有目的性需求变成对科学家课题选择和研究活动的压力,导致科学活动背离了基于好奇心的对自然及其一般规律加以探索这一基本目标。

再比如说科学家的考核、评价机制问题。按照范内瓦·布什的话说,科学家就不应该被考核,因为生成新思想所付出的努力是难以衡量的。对科学家成果的评价是可以的,但是谁来评价?国际通行的规则是由学术共同体来评价，而不是由行政机构来评价。在中国，恰恰行政机构主导着对科学家的评价。外行管内行怎么办？数论文篇数是最简单、最有效的方式，一旦以论文篇数定英雄，大家便选择容易发表论文的研究主题，而那些具有基础性重大理论价值，而发表风险极大、研究成功风险极大的文章就不写了。从提高本国基础研究能力的角度看，这种不容易发表的文章、可能失败的研究一定要有人去做。遗憾的是当前的激励机制下，我们的科学界可能发表了太多理论价值不大的文章。

此外，应用技术开发按道理应遵循市场化机制，从市场上取得融资。但是，恰恰在这个方面中国政府又给予了太多支持，从中央到地方，各级政府设立了无数技术创新基金，鼓励企业搞应用技术开发。企业来申请，只要符合政府设定的目标就给钱，导致在中国哪个产业的政府基金规模越大，这个产业就越没希望。因为企业的研发目标不是为了满足市场，不是去开发符合市场需求的产品，而是为了迎合政府，能够拿到政府基金。这样就出现了一个非常荒唐的现象：中国有大量的技术成果被开发出来以后要等着搞转化。如果技术开发研究一开始就是按照市场需求进行的，何来需要市场化转化？技术开发出来后还要大力搞市场化转化，恰恰意味着这种技术开发一开始就没有遵从市场需要，这是制度不完善带来的问题。

总之，要想在颠覆性技术创新时代转向功能性产业政策范式，重要的是转换政府职能以适应新的要求。如果政府职能转换和体制改革不能往前推进，过去的经验就会成为未来风险的最重要来源，中国经济的可持续发展就会遇到非常大的困难，甚至落入陷阱。

（本文是作者在 2021 年 6 月 23 日由清华大学产业发展与环境治理研究中心主办的《理解中国产业政策》新书发布会暨专题研讨会上的主题发言）

制度创新、文化传统与经济持续增长

陈　宪

为什么有些国家经济持续增长或繁荣，有些国家却不能

类似“为什么并非整个世界都已经发达起来”的问题，现在屡屡进入宏观经济学的教科书。这是在问，为什么有些国家经济持续增长，发达了，成功了，繁荣了，有些国家却不能？经济学家达龙·阿西莫格鲁和两位合作者在共同撰著的《经济学（宏观部分）》中试图给出一般的答案。

阿西莫格鲁提出一个分析问题的框架：“繁荣的直接原因是国家的投入水平，而根本原因是投入水平存在这些差别的理由。”那么，怎样更直观地区别直接原因和根本原因？阿西莫格鲁以流感为例，区别两者的不同。人们出现了喉咙痛、发烧和头痛的症状，会服用一些药物。服用药物的直接原因是这些症状，但出现这些症状的根本原因是患了流感。世界上许多国家人力资本、实物资本和技术投入不足，导致增长缓慢，但要问为什么投入不足？这就是对根本原因的考虑和探究。

有许多关于贫困和繁荣根本原因的假说，阿西莫格鲁将它们分

成三种类型：地理假说，文化假说和制度假说。地理假说认为，地理、气候和生态的差别，最终决定了世界各地繁荣程度的大部分差别。在技术进步缓慢的年代，有许多思想家支持地理假说。但是，因为技术革命和技术进步，特别是交通运输、医药卫生技术，还有制冷技术的快速进步，在很大程度上缓解或克服了地理上的差异。地理假说基本不能成立，但地理位置仍然是经济繁荣的必要条件之一。

文化假说宣称，不同的价值和信念从根本上导致了世界各地繁荣程度的差别。比较系统地阐述文化和经济发展联系的社会科学学者是马克斯·韦伯。他认为，新教的世界观是市场经济发展和经济增长的关键。文化假说也可以用来对比亚文化的差异，有些有益于投资和新技术的利用，有些则被认为活力要低且更为保守。亨廷顿是支持文化假说的，他认为，文化在决定是否繁荣中起着中心作用。

制度假说是指，人们所选择组织社会方式的差别，即那些影响社会中的个人和企业面临的激励的差别，是导致他们相对繁荣程度有所差别的原因。阿西莫格鲁直白地告诉我们，一个保护生命和财产的不腐败的司法系统，一个冒险和尝试不会遭到反对的环境，是提供让个人和国家致富的经济与社会激励的两大支柱。掠夺性经济制度没有保护私人产权，没有维护合同，干扰市场运行；它们还建立了显著的行业和职业进入壁垒。

阿西莫格鲁在经济学圈中是人们熟知的制度决定论者。对"为什么并非整个世界都已经发达起来"的问题，他推荐的答案是，"包容性经济制度是国家财富的根源"。但是，阿西莫格鲁没有回答一个必须回答的问题：制度和文化在决定经济持续增长中是什么关系？笔者结合中国的实践，试着初步地回答这个问题。

在人们的行为中，既可以看到制度的作用，也可以看到文化的影响

近些年来，关于中国经济持续增长原因的探索，也是一个热门的课题。人们的共识是，确立“以经济建设为中心”的方针，开启改革开放的历史进程和推进工业化战略，是中国经济取得阶段性成功的特殊根本原因，是必要条件。

不过，有经济学家认为，在改革开放之初，中国并不存在包容性的制度安排，甚至也不存在内生包容性制度的社会条件，进而否定制度因素对中国经济成功的解释。其实不然。过去40多年来陆续推出的农村改革、设立经济特区、国有企业改革、民营经济发展和引进利用外资等一系列重大举措，都标志着中国的经济制度在持续地进行渐进式变革和完善。这些变革和完善都对中国经济的持续增长起到关键性作用。如果说包容性制度在中国的作用有什么特殊性的话，那就是，以强制性制度变迁“破冰”，随之提出各种制度变迁方案，即改革方案，并对方案进行评估和选择。改革开放以来的制度创新，不断降低交易成本，成为助力中国经济持续增长的重要因素。

然而，一个显而易见的问题是，从上述特殊的根本原因和由这些原因引致的制度变革，还缺乏强有力的、具有微观意义的解释作为支撑。于是，经济学家不约而同地将目光关注到中国传统文化。笔者借两本专注于此的著作，来阐述文化假说对中国这40多年经济增长的有力解释。

朱天在《中国增长之谜》一书中认为：中国的高速增长之谜，谜底在文化。他的观点是，市场化的改革开放是中国经济快速增长的

一个重要因素，但不是中国为什么比其他国家增长更快的原因。在给定同样的体制、政策和发展阶段的情况下，中国经济由于文化的优势会比绝大多数发展中国家增长更快。中国文化中与经济增长直接相关的价值取向有两个，一个是勤俭，一个是重视教育，前者涉及物质资本的积累，后者涉及人力资本的积累，也涉及技术进步的速度。由中国乃至东亚文化解释的勤俭即高储蓄和重视教育即人力资本积累，都是必要条件，进而在渐进形成包容性制度的基础上，融合文化的作用，最终解释了中国经济这40年的快速增长。

《中国经济增长奇迹成因追踪》一书作者廖群从投入及其效率、主体行为和儒家哲学三个层面，阐发中国经济增长奇迹的原因。不难发现，后两者都属于文化的范畴。他认为，过去40年国人的经济行为呈现五大特征，即超高的致富欲望、超强的吃苦精神、炽烈的学习热情、高昂的储蓄/投资意愿与强烈的攀比心理。当然，这些行为在不同年代的国人身上有程度的差异，但基本符合这40年国人经济行为的现实。行为当然受到价值观的支配。那么，国人价值观背后的成因是什么呢？廖群进一步分析说，这五大行为体现出有为精神，其渊源是儒家哲学（文化）的“入世有为”主义。尽管这是一家之言，但将经济增长与经济行为联系，进而将经济行为与文化传承挂钩，在逻辑上是合理的、正确的。

制度刚性地影响人们的行为，文化柔性地影响人们的行为。也就是说，在人们的行为中，既可以看到制度的作用，也可以看到文化的影响，两者等量齐观，共同地决定一国的经济活动和繁荣发展。制度可以成文的形式，也可以非成文的形式，激励或约束人们的行为。所谓非成文形式，即约定俗成，就是文化延续的渗透作用。

制度文化、移民文化和岭南文化交互作用，形成深圳特色创新文化

改革开放以来，在党的领导下，中国特色社会主义建设不断推进。当下，深圳建设中国特色社会主义先行示范区，积极探索全面建设社会主义现代化强国新路径。“中国特色社会主义先行示范区”，这是一个至高的定位和要求。人们有很多关于“为什么是深圳”的解读。从文化视角来看，我认为深圳具有独特的文化优势。

多年来，我在观察、思考深圳的发展时发现：特区、移民和区位这三个关键性因素及其交互作用，形成深圳不同于其他城市的文化，由此构成独特的文化优势。特区是第一个因素，是必要条件。没有建特区这一条，其他全部免谈。深圳特区不同于其他特区的一点，就是它几乎是在一张白纸上“画”出来的。这就决定了深圳建构了独特的体制，形成了自己的制度文化。在深圳，无论是老百姓的心目中，还是政府官员自己看来，政府就是“市民中心”。在“市民中心”，有市民餐厅，老百姓在里面吃饭聊天。这些都是制度文化的体现。

移民是第二个因素，是必要条件。从全球范围看，移民的国家或城市，是创业创新的国家或城市，移民是创业创新的主体。现代史上的美国和以色列，都是因为大规模移民，成就了它们成为创业创新的国家。在中国，改革开放以来的深圳，也是因为大规模移民，出现了大量的新创公司、完善的创新生态，乃至独特的移民文化。作为移民城市的深圳，显得更加包容，没有歧视、偏见和傲慢，就像现在的一句口号“来了就是深圳人”。因此，深圳在集聚科创资源、发展战略性新兴产业上取得巨大成功。

区位是第三个因素，也是必要条件。区位大致决定了三个东西，地理位置、自然环境和区域（亚）文化。这里不展开地理位置和自然环境对深圳发展的作用，只是说一句，自改革开放以来，对面的香港通过贸易中介、产业转移和金融资本等资源，极大地帮助和促进了深圳的发展。今天，经济的一体化将成为它们共同发展的重要条件。深圳的区域文化属于岭南文化。务实是岭南文化的最重要特征。移民文化的冒险精神，融入了岭南文化的务实精神，在深圳得到完美的表现。在深圳的企业文化中，敢为天下先和务实进取通常是其中的主要元素。

制度文化、移民文化和岭南文化的交互作用，形成深圳独具特色的创新文化。无论在人们的经验观察，还是在经济学的研究结论中，都可以发现，文化优势有着稳定地影响投入要素和投入机制的特点，其作用有着渗透性、传递性和可延续性的特点。

美国国家科学院院士谢宇认为，美国科学的最大优势不是钱，也不是人，而是文化。多元的、开放的、推崇个人创造力的文化，是科学发展的软实力。当然，在美国，创新文化也具有区域特征，属于亚文化的范畴。在中国亦是如此。“先行先试”作为“渐进式改革”的操作路径，在推动自上而下的强制性制度变迁实现的同时，又能促进先行地区制度创新的自觉实践。深圳建设“先行示范区”的深意在此，影响在此，作用也在此。

（原载《文汇报》2020 年 2 月 4 日）

全球慢性萧条前景与中国经济转型的核心问题

潘英丽*

中国经济增长下行是个中长期趋势，原因在于国际环境恶化使中国过度依赖外部的市场、技术和资源的发展模式不再可行，需要从国际大循环转向内部循环为主，但这不可能一蹴而就。我在此重点讨论全球慢性萧条前景，去全球化和去工业化等核心问题形成的转型压力，以及经济转型需要突破的关键制度瓶颈。

一、中国经济增长率下行是一个中长期趋势

我首先给出“经济增长存在持续下行趋势”的判断。我赞同券商首席分析师刘煜辉把中国经济比喻为“一辆踩着刹车下坡的超载重卡”的说法。我把2020年新冠肺炎疫情看作是中国经济下坡途中的一个大坑。中国经济这辆超载重卡下行中遇到大坑比较麻烦，不仅要垫砖填坑，而且要把准把稳方向盘。

2018年12月，我在年末演讲中判断“中国经济将持续下行，实现可控的软着落，2026年可降落在5%的增长平台上”。在发生未

* 潘英丽，上海交通大学安泰经济与管理学院教授。

能料及的新冠肺炎疫情后，我 2020 年 3 月 25 日在微信中回答企业家学生提问时指出，2020 年经济增长率会在 ± 3%之间，2021 年增长率同比可到 8%—10%区间。4 月 10 日国际货币基金组织预测中国经济增长率 2020 年是 1.2%，2021 年是 9.2%，此后由于全球疫情的扩散，6 月，经合组织对中国 2020 年增长预测是 - 2.6%，国际货币基金组织则将 2020 年与 2021 年增长率分别下调至 1%和 8.2%。这些预测都在我基本判断的范围之内。就中长期态势看，国际投资机构桥水 CEO 达里奥预期中国未来 10 年平均增长率在 4%—4.2%。我的判断是如果能控制好系统性风险，未来 5 年平均增长率仍可达 4.5%—5%。比我 2018 年预期的轨道下修 0.5—1 个百分点。

中国经济增长持续下行，一个重要背景是国际环境已发生严重不利于中国的变化。中国要从过度依赖外部市场的国际大循环转向主要依赖内部市场开发，实现生产、消费与社会发展良性循环的发展模式。这种转换需要深层的体制机制变革，不可能一蹴而就。

二、 全球慢性萧条前景与结构根源

中国经济增长率持续下行与外部环境的恶化有很大关系。因为加入世贸组织后，中国的增长模式已从之前的“政府主导—投资拉动—产能过剩—关停并转”转变为“政府主导—投资拉动—产能过剩—出口释放”。外部市场不断拓展使中国传统增长模式的潜能得到充分释放，也是经济高增长、可持续的前提条件。美国对中国发动贸易战表明这个前提条件已经不复存在。

现在，全球可能正在进入慢性萧条期。2013 年萨默斯提出“长期停滞”，也即实现充分就业的“自然利率”或实业投资的平均收益率长期处于相当低的水平。在此背景下,发达国家出现零利率甚至负利率常态;欧洲“日本化”趋势日益显现。低增长、零增长有较大可能会走向慢性萧条。因为其背后有着宏观经济政策无法克服的结构问题。

一是全球层面的贫富极度分化。瑞信银行2018年度全球财富报告的相关数据反映了问题的严重性。占比64%的32.11亿成年人拥有的财富只占财富总额的1.9%,而成年人中占比0.8%的顶端富人拥有的财富占比高达45%。[①] 2016年美国财富基尼系数达到0.877。[②]中国2015年财富基尼系数也高达0.83。[③]在财富两极分化背景下,富人财富的增值已经不会带来消费的增长,贫困阶层严重缺乏消费购买力,这会导致全球范围内需求的长期萎缩或供给过剩。消费是最终需求,其他原材料、投资品都是派生需求。最终需求的萎缩将沿着产业链从下游往中上游形成持续的收缩压力。由于产业链的全球分布,这种经济收缩必定会全球扩散,全球化让萧条更具全球性质,姗姗来迟,但却不会缺席。

二是消费市场的全球失衡。中国前40年的国际大循环是从欧美引进资本技术和高效率企业组织,从资源出口国获取原材料生产制成品,再向欧美出口。然而,我整理数据发现,1999年七国集团国家人口占全球比例仅为11.5%,消费却占了全球的67%;2016年人口占比下降为10.24%,消费占比则下降了16个百分点,至50.8%。这说明发达国家内部市场的全球份额已达极限,相对萎缩

---

① Credit Suisse, October 2018, *Global Wealth Report* 2018.

② Edward N. Wolff, *Deconstructing Household Wealth Trends in the United States, 1962—2016*, 2017.

③ 西南财经大学中国家庭金融调查与研究中心:《家庭金融资产配置风险报告》,2016。

是不可避免的长期趋势。2013年中国提出“一带一路”倡议，对贸易投资的目的地作出战略调整，这是完全正确的。但是我们低估了发展中国家投资环境的复杂性，对外投资增长势头超出了我们对风险把控的能力。

三是发展中国家存在广义制度缺陷，存在高企的投资风险。南部非洲第二次世界大战后的50年几乎没有增长，被称为“失去的50年”。欠发达地区长期缺乏投资和消费能力也是世界经济长期不平衡，并最终出现全球性产能过剩和慢性萧条的重要原因。国际组织通常在贸易层面讨论世界经济的不平衡，比如中国持续的贸易顺差和美国持续的贸易逆差。但更深层次的问题是全球生产要素地区分布的不平衡以及要素跨地区组合的失败。根据世界银行的分类，生产要素可分为劳动、资本、自然资源和社会资本四类。社会资本实际上是一种有利于生产力发展的制度安排，包括宗教文化、传统习惯在内的广义制度。欠发达的南亚和非洲，人口出生率高，年龄中位数低（比如尼日尔仅16岁），自然资源也相对丰裕，但是资本、技术十分稀缺，广义制度不利于生产力发展。二战后的30余年美欧主导的南北之间生产要素的组合是相对失败的。美国借助国际货币基金组织等国际组织在发展中国家推销“华盛顿共识”，想把有利资本发展的欧美制度移植到欠发达地区去。但是以私有制为基础的自由市场经济和政治普选制移植到极度落后国家，结果培育出更为折腾的“制度怪胎”，加剧了贫富两极分化进程和社会的动荡不定。**国家广义制度的差异性是客观的，全球化带来不同文明的碰撞，结果可能是兼容，但更可能是冲突**。文明冲突是跨境生产要素组合失败的深层制度原因，也是全球不平衡和去全球化的根源。

三、“去全球化”背景下的“去工业化”

目前“去全球化”趋势已被大家认同,但“去工业化”则不为大家所见,更难为中国这个工业大国所接受。

大概2年前,有位美国教授提出,有两种力量推动全球“去工业化”。一是消费的普遍规律,即随着人均收入的提高,人们对物质产品消费支出占比必然会下降。我把这个规律称为广义的恩格尔定律。恩格尔定律是指食品支出比率会随人均收入的提高而下降。其实对物质产品的消费支出也有同样的变化规律。第二个就是中国巨大的制造业生产能力,已经使其他发展中国家几乎不再有工业化的机会。

中国某些成功的发展经验其实是不可复制的。比如某个镇专门生产灯具,某个镇专门生产袜子或牛仔裤,等等,通常这些产品的全球市场占有率可达70%甚至高达90%。这种生产模式显然不可复制或推广。中国有2 800多个县,每县如果有10个镇,全国有近3万个甚至更多的镇,都这么做是难以想象的。如果中国承包世界制成品生产,中国就可能引起某些国家的不满,因为把人家的就业和发展机会剥夺了。而且,继续充当全球制造工厂对中国也已经不是一件好事,社会边际净收益可能为负,而系统性风险急剧上升。环境压力、能源安全和以农民工低廉工资保持的成本优势对社会和谐发展都是有害的。

当前,我国制造业过剩产能体量很大,大概是21世纪初的5—6倍。这些过剩产能大多通过举债形成。产品没有销路,企业就没有现金流还本付息;但是地方政府并不支持企业破产,于是借新还旧已成为维持生存的通行法则。目前银行资产规模已超过GDP的

300%，每年超过 GDP 的 10%的份额要给银行付利息。债务雪球不断滚大，这是不可持续的。如不下决心去产能、去杠杆，不发生系统性风险的底线可能就保不住。

我国规模扩张型工业化时代已经结束。2006 年工业增加值占比就已见顶；2010 年工业对增长的贡献见顶，2012 年和 2013 年工业就业占比和就业绝对人数都见顶回落了。前些年国内基础设施建设和“一带一路”投资帮助消化重资产行业的过剩产能，但未来这些消化能力将大幅度衰减。因此，政府需要痛下决心淘汰落后产能，促进产业结构调整。

相比美国的“再工业化”和印度想借美国资本和市场发展制造业的愿望而言，“去工业化”却是中国需要面对的。中国工业需要减肥，只有“瘦身”才能“强体”。只有中止低端制造业僵尸企业对稀缺资源的持续消耗，才能有更多资源给先进制造业和市场高成长的服务业用于发展。

四、 经济转型的核心是培育有效率的企业组织

李克强总理前两年提“双创”，2020 年又提“地摊经济”。我理解政府鼓励“摆摊”主要是让底层老百姓能从房产租金和政府各种摊位费用中解放出来寻求发展。北京大学国家发展研究院的一项研究显示，我国个体经营者有 9 766.6 万户，就业人数大约 2.3 亿人。2018 年，中国小微企业数量占总企业数量的 99.6%，超出国际平均水平，也超出低收入和中等偏低收入国家的平均水平。企业平均寿命低于 3 年。

这说明，与勤奋的劳动者和庞大的市场相比，中国特别缺乏有效率的企业组织去创造就业岗位，从事满足市场需求的生产经营。

我 1997 年出版《有效利用外资理论研究》时发现，中国利用外资的实践与一般理论十分不同。利用外资的两缺口模型说外资是用来弥补国内储蓄和外汇的不足。但是中国不缺乏储蓄和外汇，为什么还要利用外资呢？我当时的结论是，中国利用外资主要是弥补有效率企业组织的不足。时至今日，这个问题并没有因经济体量的增长而改善。经济转型的具体要求是从依赖外需转向释放内需，从高投入转向高效能的结构优化；是需求引导、供给适应的市场化。而结构优化和经济的市场化，包括经济金融强国建设，最重要的微观基础就是高效率企业组织。因此，促进有效率企业组织成长的制度生态环境是中国经济转型的核心。

培育好企业，核心是政府自身的转型、政府行政体制的改革。政府职能需要从行政管制、主导经济转向提供公共服务、维护市场秩序。维护市场秩序需要做好三件事。一是保护私有产权，重点是避免政府、政府公职人员和国企对民企和民营企业家的侵权。二是防范商业欺诈，避免企业、企业高管和大股东的欺诈行为损害消费者权益和中小投资者权益。中国股票市场长期低迷很大程度上是因为上市公司内部人员欺诈行为未能得到应有惩戒。根源在于政府立场是帮助企业融资，而不是保护中小投资者防范商业欺诈。因此，政府立场需要转变，需要建设有效保护投资者的制度。三是着力改善消费服务业的生态环境。消费服务业有高成长性和创造就业岗位的巨大潜力，要求我们特别重视。既要保护消费者正当权益，也要保护生产者合法经营的权益。在市场准入、技能培训与从业资格管理、服务质量监控、纠纷仲裁等一系列环节健全有效的制度保障。

政府行政体制改革涉及税制和干部任免制度。增值税在生产环节征收，因此政府工作重心就放在招商引资和地方发展上。企业越来越多，产能严重过剩，优胜劣汰却很困难。未来税收应向自然人倾斜，即所得税、财产税、消费税等。这样地方政府会在让生活更美好的各个方面展开竞争。干部考核制度也需要改革：一是考核指标应将总量指标改成人均指标，以适应户籍松动、劳动力流动的大势；二是引入第三方评估；三是推进地区营商环境和生活环境质量等全国排名，增加社会评价的透明度，引导地方政府间有序竞争。

（原载《探索与争鸣》2020 年第 8 期）

新发展格局下的城市

——若干系统性的理论问题

陆　铭*

在十四五期间，中国将在人均 GDP 水平上成为一个高收入国家。但是目前，经济结构仍存在一些不合理现象，仍然制约着中国经济的高质量和可持续发展。作为一个发展中大国，必须从系统性的观点来看待城市化进程和城市发展格局，从而为下一阶段的中国经济发展注入体制性和结构性的活力。

本文将结合从十八大到十九届五中全会的重要会议精神，阐述与城市化和城市发展相关的几个理论问题，分别涉及发展与平衡的关系，城市和农村的关系，城市群和都市圈的关系，都市圈内部中心与外围的关系。

一、 发展与平衡的关系

2019 年 8 月，中央财经委员会第五次会议提出，要在发展中营造平衡。可以说，在涉及城乡和区域发展的所有问题中，发展与平

* 陆铭，上海交通大学安泰经济与管理学院教授。

衡的关系是统领性的，也是误解最多的。

发展和平衡是可以实现共赢的。由于现代经济发展（特别是制造业和服务业）具有强大的规模经济效应，与此同时，人口和经济活动在少数地区集中所造成的拥堵和污染问题能够得到有效的治理，因此，经济和人口从农村向城市集中，从小城市向大城市周围的都市圈集中，成为世界范围普遍存在的现象。在此过程中，平衡应着眼于城乡之间和地区之间在人均 GDP、人均实际收入和生活质量方面的均等化，而人口的自由流动则能保证这种均等化，达到一种“空间均衡”状态。虽然最终人均 GDP 在城乡间和地区间未必能绝对均等，但是考虑到在相对发达地区的生活成本更高，因此，能够实现城乡间和地区间人均实际收入和生活质量的均等化。这就是“在集聚中走向平衡”的模式，也是“在发展中营造平衡”的道路。在新的发展格局之下，上述道路的实现需要改变传统的思维方式。传统的农业经济和计划经济思维总是将现代经济的集聚特征理解为区域经济发展不平衡，而实际上，传统思维下的“平衡”追求的仅仅是经济和人口的均匀分布，甚至将集聚效应表述为带有感情色彩的“虹吸效应”。于是，这就造成了集聚和平衡之间的矛盾，甚至被人们认为市场经济之下实现的经济集聚仅仅能够实现经济效率，而忽视了平等，产生了效率与平等的矛盾，由此又进一步认为，在政治上应该动用行政手段促进不同地区之间的平衡发展，从而又产生了市场与政府的矛盾。

中国当代行政管理体制之下的政府行为模式也在阻碍着发展和平衡的共赢。长期以来，地方政府以最大化本地的招商引资、经济增长和税收为目标，因此天然与经济向少数地区的集聚是矛盾的。在人口流入地，社会保障和公共服务主要由地方财政来支持，因此人口流入地地方政府缺乏激励为外来人口提供均等化的公共服务和社会保障。与此同时，一段时间以来，在人口流出地建设了大量的事后闲置的工业园和新城等基础设施，投资回报低下，于是又转化为地方政府和企业巨额的负债。

为了实现发展和平衡的共赢，需要通过经济的集聚保证效率，并提升整个国家的竞争力，同时，在城乡间和地区间关系上，必须将平衡的理念从追求经济和人口的均匀分布转为追求在人均发展水平上的趋同。通过促进人口等生产要素更为自由合理的流动，逐步在集聚中走向平衡，在发展中营造平衡。

二、 城市和农村的关系

城市化的进程，本质上就是农村人口不断进城的过程。在经济发展水平不断提高的过程中，城市地区集聚了制造业和服务业，不断创造就业岗位，为农村进城移民提高收入水平和改善生活质量提供了越来越多的机会。

以人为本的发展，应该尊重城市化和城市发展的客观规律。虽然中国的城市化率从改革开放之初的 18%提高到了 2019 年的 60%。但是如果和世界上相近发展阶段的其他国家平均水平来看，中国的城市化率低了约 10 个百分点。跟同属于东亚文化圈的日韩两国历史同期相比，中国的城市化率低了将近 15 个百分点。未来如果中国下大力气推进人口城市化，将形成巨大的发展动力，使得城市和农村同时获得更好更快的发展。

从农村这边来看，人口的流动将出现分化。一部分人群自愿迁往城市地区工作和生活，追求更高的收入。与此同时，另一部分人群自愿留在农村地区，在农村发展农业、旅游、自然资源等产业的时候，留守人群的人均资源占有量也将提高，农业生产出现规模化和现代化，农民的收入提高。不仅如此，随着农业规模化和现代化的推进，农业生产的平均成本将下降。在国际市场，中国农产品的价格竞争力将有所提高，对于其他国家农产品进口的依赖程度将有所下降。我们近期的研究估算表明，如果中国的农场面积可以达到相似发展阶段的其他国家的平均水平，那么中国农产品的净进口可以下降 89%。农民收入也将有大幅度提高，农业和农村也不再像今天这样需要巨额补贴。①

在城市这一端，人口的老龄化和少子化带来劳动力逐步短缺的现象。如果城市化能够持续推进，将使得在中国未来 20 年的时间里仍然能够延续人口红利，让城市地区的制造业和服务业获得源源不断的劳动力。从劳动力的结构来看，城市地区的产业升级，不仅需要大量高技能劳动者，也需要大量低技能劳动者从事生产环节里的辅助性岗位以及生活服务业工作，从而有利于创造就业和缓解贫困。这就是高技能劳动力和低技能劳动力之间存在"技能互补性"的含义。如果看到这个趋势，那么在城市化进程中近 3 亿外来人口在所居住城市的市民化就将是急需解决的问题，最终使得中国居民在哪里就业就在哪里居住，并获得平等的社会保障和公共服务，户籍制度逐渐成为常住地登记制度。

更为顺畅的城市化进程还将有利于实现国内国际两个循环相互促进。从国内来说，外来人口在城市的安居乐业，将释放巨大的消费需求。根据我们的研究，城镇地区外来人口比本地人口人均消费低 16%—20%。②户籍制度的改革，如果能够让城市外来人口的

① 此处有关中国农业的研究结论是基于我和徐灏龙的研究，目前尚未公开发表。

② Chen, Binkai, Ming Lu and Ninghua Zhong, 2015, "How Urban Segregation Distorts Chinese Migrants' Consumption," *World Development*, Vol.70, June, pp.133—146.

消费得到释放，将极大提升内需，特别是服务业需求。与此同时，大量城市外来人口本身就是服务业劳动供给的主体，这样一来，中国经济中服务业占比偏低的结构性问题也能得到有效的解决，有助于形成内循环为主的，国际国内双循环相互促进的新发展格局。①

在城市化进程中，农村地区出现的空心化现象应理性对待。只有在农村人口进一步减少的过程中，农业才能实现规模化和现代化，留守人口的人均收入才能提高，农民才可能成为有吸引力的职业。当前出现的农村地区大量留守人员是老人、妇女和儿童的现象，不能简单归因于城市化进程，而应看到这是由于长期以来的城乡二元结构，导致城市地区难以让农村进城人口举家迁移。减少农村发展的空心化带来的社会问题，要改革的是制度，而不是通过城市化的倒退，来让人口回到农村。

在未来的农村土地制度改革方面，中央已经提出继续延长农业用地的承包经营权。除此之外，城市化进程和农村人口的减少，必然要求农村宅基地制度深化改革。一部分地理位置较好，或者有文化旅游价值的宅基地能够得到有效利用。其余大量的农村宅基地将逐渐闲置和荒废，最终只能通过逐步拆除并将宅基地复耕为农业用地，将相应的建设用地指标在地区之间流转起来。在此过程中，进城的农民要在城市有就业、有社会保障，并且自愿的前提下，有偿地放弃在农村的宅基地。要看到，即便在当前情况下，大量闲置和荒废的农村宅基地也不能承担社会保障的功能。进城农民需要的是在现代化的进程中在城市地区获得社会保障，包括养老、医疗和保障房等。即使失业了，也应该有在城市地区的失业保障。不能只

① 钟粤俊、陆铭、奚锡灿：《受抑制的服务业：从人口空间分布看不平衡不充分发展》，《管理世界》2020年第11期，第35—47页。

是原有的城市户籍人口享受现代化进程，而让农民返乡作为城市发展的蓄水池及消化城市风险的稳定器。让进城就业和居住的农民能够平等地享受现代化的成果，才是符合社会主义核心价值观的发展。而牺牲农民利益的城市化不是以人为本的发展，让农民返乡也谈不上是保护农民。

三、 城市群和都市圈的关系

当前中国已经进入城市群带动的区域经济发展新阶段。未来在中国东部沿海地区的京津冀、长三角和粤港澳三大城市群，将成为引领中国经济发展的三个引擎，成为世界级的城市群。成都、重庆一带的城市群，将有可能成为中国城市群的第四极。武汉、郑州、西安等其他国家级中心城市又各自带动周围城市形成区域性的城市群。不同的城市群由于发展条件的差异，各自的城市群量级和辐射范围也各有差异。在中国城市群的布局和发展路径方面争议不大，而城市群内部一体化所面临的思维和政策障碍则比较多。在城市群发展过程中要处理的本质上就是中心城市周边形成的都市圈和城市群内部其他中小城市之间的关系。

城市群内部的良性发展状态是既要有大城市，也要有小城市，不同城市之间存在相互的分工，产业结构根据自身的发展条件出现差异化。城市之间既有竞争也有合作，但是合作大于竞争。但是同样是因为对于平衡发展的误解，以及地方政府追求本地 GDP 增长、招商引资和税收的最大化，于是在城市群发展中也出现了均匀发展的诉求。一方面，人们认为城市群内部的中小城市应该从中心城市承接更多的产业，另一方面又认为中心城市向外的产业疏散是城市群内部平衡发展的路径。在本质上，城市群内部的大小城市之间的关系，仍然涉及集聚和平衡之间的关系。从理论上来讲，如果不同规模的城市之间功能是互补的，那么核心城市经济越强大，对外围中小城市的经济带动作用就是越强的。中心城市更多地承担着研发、设计、金融、贸易等功能，邻近的中小城市更多地承担着制造功能，更远一些的城市则更多地承担着农业、旅游和自然资源等功能。如果人口等生产要素自由流动的话，城市群内部不同规模城市之间，也将迈上"在集聚中走向平衡"的道路。同样道理，对于地处城市群相对外围的地区而言，追求的应该是差异化的发展道路，以及在人均水平上缩小与中心地区的差距。习近平总书记在2020年8月视察安徽的时候召开的扎实推进长三角一体化发展座谈会上指出："一体化的一个重要目的是要解决区域发展不平衡问题。不同地区的经济条件、自然条件不均衡是客观存在的，如城市和乡村、平原和山区、产业发展区和生态保护区之间的差异，不能简单、机械地理解均衡性，解决发展不平衡问题。要符合经济规律、自然规律，因地制宜、分类指导，承认客观差异存在，不能搞一刀切。"

在城市群发展过程中，中心城市及周边地区将形成相互紧密连接的"通勤圈"，并形成带动整个城市群发展的增长极。根据不同的发展条件和功能定位，中国将在未来形成几十个围绕着中心城市、半径大约在30—80公里不等的都市圈。这些都市圈的人口将持续增长，相应地，应该启动以都市圈为单位的城市规划，突破既有城市间甚至省之间的行政边界，推进都市圈范围之内的一体化建设，包括基础设施、公共服务、政策等方面的一体化进程。

当前的都市圈发展需要避免两个在既有行政管理体制之下出现的不良倾向。第一，一些都市圈应该做得更大，却碰到行政管辖边界的障碍。围绕着上海和深圳建设的都市圈，就是这样的典型。这类大都市圈围绕着特大和超大城市，需要随着人口和经济活动的集聚，发展成跨越行政管辖边界的大都市圈，需要突破既有的以行政管辖范围为界限的城市规划，在都市圈范围之内规划人口、土地、基础设施建设和公共服务提供等。在都市圈的核心城市，需要进一步解放思想，放松对于人口和土地的管制，服务于中心城市的增长及功能。第二，与此形成对照的是另一种情况，那就是一些大中城市自身的经济体量不够大，对人口的吸纳能力也不够大，但是却在传统的最大化本地 GDP 和税收动机之下盲目做大，最终却可能导致投资过度、回报低下。

四、 都市圈内部中心和外围的关系

随着都市圈的概念得到决策者的重视，都市圈的中心城市如何发展，尤其是它的郊区部分如何发展，正成为需要破局的问题。

从现状来看，在有可能建成都市圈的北京、上海等地，中心城市的郊区仍然有大片的农田和绿地，中心城市与都市圈范围内的中小城市也没有紧密连接。相比之下，在东京都市圈距离市中心 50 公里范围之内的地方，城市是连片发展的，同时，轨道交通从中心城区出发呈网状布局，人口沿着轨道交通沿线布局，并且人口密度沿着轨道交通梯度下降。

对于上述差异，规划者常常提出，在中国城市郊区保留大片的农田和绿地，是为了防止城市无序蔓延。但是让我们换一个看问题的角度，都市圈概念之所以有实际的意义，就是因为在 50 甚至 70 公里半径范围之内的城市之间存在紧密的联系，它是核心大城市巨大的规模经济效应所催生的结果。既然如此，中心城市和周边的中小城市之间就具有大量互动的需要。既可能是中心城市的现代服务业要服务于周边城市的制造业，也可能是周边城市为中心城市工作人口提供居住和生活服务。事实上，都市圈的定义本身就是，以中心城市为核心，紧密连接周围其他中小城市的"日常通勤圈"。

给定都市圈的定义和功能，在核心大城市郊区保留大量的农田和绿地，势必导致以下几个结果。第一，外围地区（比如昆山）和中心城市（比如上海的中心城区）之间，必然形成一个巨大的隔离带，结果是外围地区和中心地区增加了更大的通勤成本。

第二，在中心城市的郊区，也就是相当于上海的青浦区这样的地方，一定会形成相对的发展洼地，仍在发展农业。隔壁的昆山仅仅因为不属于上海管辖，就可以发展制造业，并且建有大量的住宅。事实上，在中心城市持续集聚产业和人口的需求之下，在郊区保留过多农田，同时还带来城市整体上的住房供应不足，房价高企。

第三，一定会产生轨道交通网络化和郊区土地低效利用之间的矛盾。一方面，轨道交通网络化是都市圈发展和区域经济一体化的必然要求，顺应了都市圈外围和中心城市之间频繁通勤的需要。另一方面，如果在中心城市的郊区仍然保留大量的农田和绿地，这就意味着在大城市郊区，轨道交通沿线经过的是农田和绿地，无论是轨道交通线自身还是沿线土地的价值均未能得到充分的利用。未来，如果都市圈范围内轨道交通线进一步网络化，而中心城市的郊区走建设用地减量供应的道路，上述矛盾只会加剧。

造成上述现象的本质原因在于中国传统的城市规划体系与现代化城市发展的规律之间存在矛盾。传统的城市规划体系是以直辖市或地级市的行政管辖边界为单位的，人口、土地、基础设施、公共服务等规划都是如此。问题是，每一个城市是有差异的，在中国一线城市面向全球城市和都市圈发展的愿景之下，这些城市必须成为区域经济增长和一体化的引领者。既然如此，就不如以"都市圈规划"覆盖既有的以行政管辖范围为界的"城市规划"，不必对中心城市采取过严的城市建设用地总量和用途规制。事实上，国际上对于大城市的发展，越来越强调的是紧凑和高密度，如果经济发展和人口增长需要，城市面积适当扩张伴随着高密度的建设，并不被认为是城市无序蔓延。

面向未来，在中国的一线城市建成国际化的都市圈的愿景之下，中心城市和周边的中小城市之间将形成更为紧密的连接，相互之间将有更加高密度和快速度的轨道交通网络进行连接，相互之间的通行将更为便捷，外围越来越多的人口将在中心城市就业。这样一来，在轨道交通沿线的土地开发强度有必要加强，这既能提高城市土地的经济密度，也能够为更多工作在中心城区的人口提供相对来说接近工作地点的居住场所，减少长距离的通勤。与此同时，连片发展也并不意味着所有的土地都用于城市建设。在网络状的轨道交通线之间，适当布局郊野公园，可以兼顾城市的生态保护和宜居发展。“规划要为发展服务”，这里的发展兼顾了城市的活力、便捷和宜居几个目标，而当下要解决的问题是，在中心城市的郊区要找到几个目标之间最佳的结合点，不能因为单一地强调生态而因噎废食。

（原载《中国工业经济》2020 年第 12 期）

研究报告

核准制下IPO从严审核的代价

——最严发审委的发审效果研究

方　芳　夏立军　曹宇莲*

一、引　　言

IPO发行审核制度是资本市场的基础性制度之一，怎样的制度设计有利于优化资本市场资源配置效率是重要的理论和实践问题。一方面，严格的IPO审核可能有助于防止劣币进入市场；另一方面，严格的IPO审核又可能将有前景的企业挡在门外。如何在“误拒”和“误受”两类错误之间权衡，是制度设计的难题。

中国资本市场设立以来，IPO发行审核制度长期采用审批制和核准制两种制度，直到2019年才首次在上海证券交易所设立的科创板中试点注册制。这种渐进式演变体现了IPO制度的因地制宜，同时也暴露了审批制和核准制的巨大代价（夏立军，2018）。Pistor和Xu（2005）对中国IPO市场进行研究后提出，行政管制能在一定程度上弥补法律制度的不完善，但政府主导的IPO发行审核制度是中国

* 方芳，北京师范大学经济与工商管理学院副教授。
夏立军，上海交通大学安泰经济与管理学院教授。
曹宇莲，北京大学教育学院博士研究生。

渐进式改革中的过渡性制度，并非最优选择。然而，在法律和中介发展不足及投资者理性不足的市场环境中，监管部门“不得已”代替市场选择，也引发了IPO审核中未能有效地筛选优秀企业的问题（黄俊和李挺，2016）。长期的IPO行政管制不仅“误拒”严重，将许多优秀的创新型企业挡在门外，或者“逼到”海外市场，也不可避免地出现了IPO欺诈发行或上市后业绩变脸的“误受”问题。

如果继续沿用核准制，那么解决这些问题的一个可能思路是，加强IPO审核和对发审委问责。换言之，就是从严审核，提高IPO企业选择的准确性。这也是2015年股市异常波动之后监管部门在2017—2019年的实践。2017年10月，首届“大发审委”上任，过会率出现大幅下跌，被媒体称为“史上最严发审委”。截至2019年1月31日，首届“大发审委”卸任，共审核262家企业，通过率64.12%，远低于2017年1—10月近86.09%的过会率。

本文考察核准制下这一初衷良好的从严审核（IPO审核趋严+发审委委员终身问责）是否改善了IPO资源配置效率。利用这一从严审核自然事件，我们研究了从严审核的资源配置效应。具体而言，本文以2015年股市异常波动之后至2019年3月IPO审核上会的IPO企业为研究样本，研究发现，高压下的“大发审委”倾向将上市资源向当前营利能力更强、风险更低的企业倾斜，而未来潜在成长性更高的中小创新型企业成为审核趋严的牺牲品。本文进一步发现，拟上市企业付出了更多的发行费用以提高发行通过率。最后，我们还发现，相较非“大发审委”时期审核上市的企业，“大发审委”时期审核上市的企业在上市后的会计业绩表现和市场表现都显著更弱。

本文的研究具有重要的理论和现实意义。首先，作为应对核准制下发行审核“误受”问题的一种可能的思路，对IPO企业严加核查和对发审委委员严加追责的从严审核似乎是一个初衷良好的方向。然而,本文的研究表明,监管者进一步代替市场的从严审核面临着激励机制设计上的挑战,看似初衷良好的从严审核反而造成了更大的资源配置错位。其次,本文的研究进一步表明,中国资本市场 IPO 发行审核制度从早期实施了 10 年左右的审批制发展到后期实施了 20 年左右的核准制,时至今日,因地制宜的"得"可能已经越来越小于 IPO 高度管制的"失"。这也意味着,随着资本市场发展演进,IPO 发行审核制度从核准制转向注册制实为必要。虽然注册制已经在科创板、创业板试点,并将在其他板块推广,但各方对于核准制和注册制的利弊得失可能依然存疑,而注册制下到底如何审核也有待继续探讨。本文的研究为理解这些问题提供了启发。最后,随着中国经济增速放缓,中国经济的增长方式越来越需要依赖科技创新驱动,而这需要一个与之相匹配的资本市场提供动力。本文的研究揭示了从严审核的 IPO 核准制与资本市场服务科技创新和实体经济转型升级的矛盾,增进了关于资本市场 IPO 制度与经济发展需求匹配性的理解。

下面各部分内容如下:第二部分为 IPO 发行审核制度演变的简要分析;第三部分梳理相关文献和理论,提出本文的研究假说;第四部分为研究设计,详述本文使用的样本和数据,以及相关变量说明和模型设定;第五部分为描述性统计和实证结果分析;第六部分为研究结论与政策建议。

二、 IPO 发行审核制度演变

按政府管制程度,各国资本市场新股发行大致有三种制度,即审批制、核准制和注册制。审批制主要出现在市场和法治发育不完备的早期市场,如 1999 年以前的中国资本市场,后两种则是成熟资本市场常见的 IPO 发行审核制度。三种制度的最重要区别在于,行政监管部门在股票发行审核过程中,进行形式审核还是实质性判断,也就是说,在 IPO 发行中是政府审核还是市场选择占主导地位,行政监管部门是扮演决策者还是扮演守夜人。在 2019 年上海证券交易所设立科创板并试点注册制之前,中国资本市场的新股发行市场准入制度经历了审批制额度管理、审批制指标管理、核准通道制和核准保荐制四个时期。发审委是对新股发行进行监管的行政部门,从 1993 年设立第一届发审委开始,发审委制度一直沿用至今(试点注册制的科创板和创业板除外),发审委委员对于企业是否通过上市审核具有投票决定权。

在中国 IPO 发行审核制度变迁过程中,政府行政力量的干预逐步削弱,市场扮演的角色越来越重要(朱红军和钱友文,2010)。例如,从 2001 年实行核准制起,中国证监会将部分材料审核、预选辅导的任务下放给中介机构,对拟上市企业信息预披露、发审委委员和审核意见透明度的要求也越来越高。从 2003 年起,对发审委委员的构成在原有政府官员的基础上加入有会计、券商、法律等背景的委员,使得发审委的专业审核能力进一步提高。相关研究发现,中国新股发行制度变迁进程中,IPO 定价效率得以提升,IPO 交易成本得以下降(蒋顺才等,2006;肖曙光和蒋顺才,2006;周孝华等,2006;田利辉等,2013)。

然而,在取得市场化改革进步的同时,目前,在主板发行审核中,政府行政审批的力量依然占据主导地位,IPO 发行审核制度的市场化改革还不够彻底。政府的宏观调控影响发行审核标准和发行速度,IPO 审核时间过长,发行速度的不稳定性,降低了 IPO 资源配置效率(李翔等,2017)。相较普通投资者,发审委委员的专业背景更强,但他们也只能通过拟上市企业的申报材料进行判断,同样处于信息劣势地位。而发审委制度赋予发审委委员的行政权力，滋生了审核过程中的潜规则和腐败行为。一些研究发现，拟上市企业通过政治关联、校友关系、审计业务、会计业务、承销业务和法律业务等，与发审委委员建立起直接或间接的关系以提高IPO过会率，导致IPO资源配置效率下降（陈辉发等，2012；杜兴强等，2013；李敏才，2013；陈运森等，2014；黄亮华和谢德仁，2016）。此外，IPO市场准入限制为成功上市的企业带来了“壳价值”，降低了上市企业经营效率和整个市场的资源配置效率（屈源育等，2018）。

在这样的背景下，2013年党的十八届三中全会和中国证监会明确了要推动股票发行制度向注册制改革。①而2017年7月，中国证监会向市场释放出审核标准趋严的政策导向。②2017年10月，中国证监会将主板发审委和创业板发审委进行合并，组建了由63人组成的“大发审委”，并以监管官员作为委员主体，对发审委委员的回避制度、惩罚力度和任期长度也做了更严格的要求，提出发审委委员需对通过投票并获得IPO资格的企业承担终身追责的制度，全方位对发审委委员的行为进行监察。③严格的IPO发行审核制度可能意在通过加强行政管制力度，抑制IPO审核过程中可能出现

① 2013年11月，党的十八届三中全会审议通过《关于全面深化改革若干重大问题的决定》。2013年11月30日，中国证监会发布《关于进一步推进新股发行体制改革的意见》（证监会公告〔2013〕42号）。

② 2017年7月7日，中国证监会发布《关于修改〈中国证券监督管理委员会发行审核委员会办法〉的决定》（中国证券监督管理委员会第134号）。

③ 2017年11月20日，中国证监会主席和中国证监会党委委员、中共中央纪律检查委员会驻中国证监会纪检组组长王会民，在第十七届发审委就职仪式上发表讲话，其中，“对于不合规的企业，要勇于投否决票”，“要健全监督制约机制，坚持无禁区、全覆盖、零容忍，终身追责”，“证监会党委已经决定成立发行与并购重组审核监察委员会，对首次公开发行、再融资、并购重组实行全方面的监察，对发审委和委员的履职行为进行360度评价”等表述释放出IPO趋严审核的政策信号。

的腐败等机会主义行为，降低"误受"概率，以期更加公平、高效地为市场遴选出优秀企业。然而，这一严格的制度设计真的能实现初衷，带来更高的资本市场资源配置效率吗？这些问题关系到如何深入地理解核准制与注册制的利弊得失，以及是否要坚定地实行注册制、如何更好地实行注册制，因而是对理论和实践都十分重要的问题。

三、理论分析与研究假说

（一）行政管制与IPO发行审核制度

亚当·斯密（Smith，1776）在《国富论》中提出，在完全竞争下，每个市场参与者都是理性人，凭借市场这只"看不见的手"就能实现资源的最优配置，政府只需要担当守夜人的角色。后来出现的经济大萧条等现象促使经济学家反思，市场并非完美无缺，也会出现失灵，相关理论包括信息不对称理论、外部性理论和公共利益理论等。这些理论涉及的市场失灵现象为政府干预经济活动提供了理由，产生政府管制这一替代市场的治理机制（余晖，1994）。然而，管制可能带来很高的行政成本，且政府同样不具备信息的比较优势，政府管制下的市场准入限制还可能破坏充分竞争，并滋生"租金"（Stigler，1971），因此，政府管制与市场机制之间的相互替代并非固定不变，而可能呈现"市场失灵→管制→管制失灵→放松管制→市场失灵→再管制"的动态变迁过程（余东华，2004）。

资本市场上，投资与融资双方天然存在信息鸿沟，而投资的未来不确定性进一步加剧了信息不对称（Chang et al.，2008）。此时，政府的介入不仅保护了处于信息劣势的一方，还保障了市场的存续和扩展（陈之大和彭念一，1995）。Pistor 和 Xu（2005）分析了在中国资本市场转型时期政府管制的必要性，认为管制是法律不完善情况下的“次优备择机制”。在中国资本市场的发展历程中，政府的管制和支持发挥了重要作用。

制度安排究其实质是一个权衡问题（蔡宁和魏明海，2008）。随着中国资本市场的发展和法治环境的完善，新股发行市场中行政管制与市场机制的相互替代也将发生变化。最严发审委制度的实施是一次带有行政管制加强色彩的制度尝试，为资本市场行政管制效果的研究提供了独特的实验样本。检验 IPO 市场中政府管制的加强能否提高资源配置效率，以及不同的监管方式导致资源配置效率的差异，不仅能完善对政府干预理论的理解，也有利于回答如何把握好当前资本市场中行政管制的“度”（田野和陈全，2012）。

（二）IPO 从严审核与发审委行为

在核准制下，发审委委员的职责是筛选出高质量企业，但发审委委员也是寻求自身利益最大化的经济人，其行为可能会受到寻租、能力和政绩等的影响（曹凤岐，2014；方军雄，2014）。同时，由于发审委与拟上市企业之间的信息不对称，判断企业的高质量和高潜力较之判断企业的低风险性需要更多的企业相关信息和更高的专业能力，出于规避自身风险的原则，发审委委员往往更青睐规模大、负债率低、财务风险小的企业（胡旭阳，2011）。

“大发审委”时期的终身问责制度向发审委委员施加了更大的压力，这可能会带来两方面的影响。一方面，它提高了发审委委员腐败的成本，使因为寻租而上市的“劣质”企业减少；另一方面，它也可能会使得发审委委员更加注重规避风险从而偏离其应有的专业审核标准（辛清泉，2018）。在终身问责制度下，发审委委员可能会更加强调企业当期的低风险性而忽略其长期发展潜力，确保形式上的"完美"而不注重对企业内在价值和未来成长性的判断。

已有研究表明,研发投入是企业增长的重要源泉和长期增长的保障,对企业的成长性有显著的促进作用(Mansfield, 1962; Del Monte and Papagni, 2003; Coad and Rao, 2008),然而,从研发投入企业规模和收入的增长,存在着滞后性和无法变现的风险(张维迎等,2005;胡志颖等,2015)。因此,在政绩和规避风险的双重驱动下,"大发审委"更有激励去选择财务表现更好、盈利成长性更高的企业,而那些研发支出较高的高风险企业更可能在IPO竞争中失败。换言之,发审委的从严审核和对发审委委员的从严问责可能导致其过度规避不确定性的风险。据此,我们提出以下研究假说1。

假说1:相较非"大发审委"审核期间,"大发审委"审核通过的IPO企业上市前的财务表现相对更好,而研发投入相对更低。

(三) IPO从严审核与企业行为

企业在IPO发行审核中最重要的目的是获得发行上市的资格。为了成功上市,企业需要通过信息披露来减少与发审委和投资者之间的信息不对称;可能也会通过一些其他手段来增加审核通过的概率,包括政府公关和媒体公关。此外,企业还会观察IPO发行审核政策的风向变化,择时申报(王冰辉,2013)。发审委对企业进行价值判断主要依据拟上市企业的财务报表,一份高质量的财务报表提高了信息质量和可靠性(朱宏泉和朱露,2018),从而帮助提高企业的过会率。会计师事务所在财务报表的鉴证和更正上都起到了重要的作用,声誉越高的会计师事务所越有动力提高审计质量来维护其口碑(陈辉发等,2012)。会计师事务所的高声誉,为高质量财务报表提供了隐形的担保，提高了 IPO 审核通过率，同时也带来了审计收费溢价（Francis and Wang，2008；Kanagaretnam et al.，2010；李敏才，2013）。

方军雄(2014)对中国 1994—2012 年的 IPO 企业进行分析，发现自 2006 年中国证监会引入预披露制度后，自知有缺陷的企业会给媒体“封口费”以求蒙混过关，优质的企业也可能会为了减少不必要的麻烦进行媒体公关以使其“有偿沉默”。另外，拟发行企业可能耗费资源进行政府公关，以寻求其在上市过程中帮助企业包装粉饰（宋顺林和辛清泉，2017）。

企业在审核趋严的环境下，有动力在信息披露上投入更大的人力、物力以呈现高质量的财务报表，并聘请声誉高或者社会关系强大的券商和会计师事务所，这将增加审计费用、信息披露费用等发行费用。同时，在过会率下降的压力下，企业也可能付出更多资源以进行媒体公关和政府公关。这些都将导致 IPO 发行费用的增加。据此，我们提出研究假说 2。

假说 2：相较非“大发审委”审核期间，“大发审委”审核通过的 IPO 企业的发行费用相对更高。

（四）IPO 从严审核与企业质量

1. 业绩变脸

以往研究发现，盈余管理水平是影响企业 IPO 后业绩表现的一个重要因素（陈辉发等，2012；黄俊和李挺，2016；李翔等，2017；柳建华等，2017）。而盈余水平更低的企业面对 IPO 审核的盈利要求，更有动机进行盈余管理（侯晓红和张书寒，2015；辛清泉，2018）；盈余管理也使企业预支了未来的增长潜力，使得上市后业绩变脸的可能性更高。此外，企业上市后的业绩表现还受到 IPO 发行成本的影响，特别是隐性成本。例如，企业在 IPO 过程中进行媒体公关，会增加 IPO 后业绩变脸的可能性（方军雄，2014）。宋顺林和辛清泉（2017）通过 IPO 停摆的自然实验研究发现，发行时间延长增加了拟发行企业的媒体公关费、政府公关费用和机会成本等，上市后大股东更可能出现资金占用和提高现金股利，同时带来更差的业绩和市场表现。发行速度放缓时，上会企业机会成本和财务风险提高，导致盈余管理动机和上市后业绩变脸的可能性都将增大（李翔等，2017）。

基于假说 1 的分析，“大发审委”更为严苛的审核标准和终身问责制度，可能提高发审委对过会企业的财务和盈余水平的要求，使得拟上市企业更有动机去粉饰其财务表现。另外，由于发审委更倾向审核通过低风险、低成长潜力的企业，企业上市后的业绩增长更弱。同时，假说 2 分析中从严审核可能带来的更高的发行费用，导致这些企业上市后业绩变脸的可能性更高，据此提出假说 3。

假说 3：相较非“大发审委”审核期间，“大发审委”审核通过的 IPO 企业在上市后业绩表现相对更差。

2. 市场表现

“大发审委”在严格的审核制度下，不需要对否决的企业承担责任，但是需要对投赞同票并成功上市的企业承担终身问责。因此，“大发审委”倾向减小自身风险，更青睐营利能力强和财务风险小的企业，忽略拟上市企业的未来成长性。IPO 稀缺资源给了更易融资的大企业，中小企业可能成为审核趋严的牺牲品。同时，基于假说 1

的分析，“大发审委”审核通过的企业往往研发投入更低，而减少研发投入等高风险投资实际上削弱了企业的未来收益增长能力（Penman and Zhang，2020）。因此，投资者未必认可“大发审委”的筛选标准，对“大发审委”审核通过的企业给予更低的预期。基于以上分析，提出假说 4。

假说 4：相较非“大发审委”审核期间，“大发审委”审核通过的 IPO 企业在上市后股票收益率相对更低。

四、研 究 设 计

（一）样本选择与数据来源

本文选取 2015 年 12 月至 2019 年 1 月发审委审核的 945 家 IPO 企业作为初始样本。样本之所以从 2015 年 12 月开始，是因为 2015 年经历的股市异常波动使得 IPO 审核和上市停滞直到当年 12 月才恢复，且股市异常波动期间收益率异常可能会对本文的实证检验产生影响。其中，审核通过的企业共 779 家，审核被否决的企业共 166 家。在 779 家审核通过的企业中，有 769 家在 2019 年 9 月前上市，其中，“大发审委”审核上市的企业有 163 家，非“大发审委”审核上市的企业有 606 家。在研究发审委行为时，样本为参与 IPO 审核的 945 家企业（其中 10 家企业的部分财务数据未披露，实际使用样本为 935 家企业），在研究企业行为和上市后企业表现时，样本为审核通过并上市的 769 家企业。发审委审核相关数据来源于 Wind 数据库，财务数据、股票市场表现和企业特征等数据来自 CSMAR 数据库。

（二）主要变量说明

1. 企业财务表现与研发费用

参考胡旭阳(2011)，本文从营业收入增长率(Growth_Avg)、净资产收益率(ROE_Avg)、总资产规模(取对数)(Size_1)和资产负债率(Lev_1)四个方面衡量企业财务状况和风险水平。企业的研发费用(R&D)手工整理自上市企业在财务报表附注中的费用明细，并进行取对数处理。同时，我们用研发费用增长率(R&D_C)反映企业对于研发投入的调整行为。

2. IPO 发行费用

IPO 发行费用(Fltcst)分为承销费用(Tludwfe)、中介机构费用和其他费用(杨记军和赵昌文，2006)。其中，中介机构费用又分为审计与验资费用(Cpafe)、信息披露费用(Decltfe)和律师费用(Lwyfe)。本文分别对总发行费用和各分项发行费用取对数，作为研究变量。

3. 业绩变脸

限于样本企业上市年限短的特点，特别是“大发审委”审核通过企业的上市年限最长也只上市了六个季度，无法比较上市后的长期业绩表现，本文以中短期营利能力的变化衡量业绩变脸。参考黄俊和李挺(2016)的做法，业绩变脸指标(DROE)反映企业上市后营利能力的变化，具体计算方法为上市当年年末净资产收益率与上市前一年净资产收益率之差。

4. 中短期市场表现

参考张学勇和张叶青(2016)的做法，本文构建了四个指标衡量企业 IPO 后股票的市场表现。持有期原始收益率(HPR)表示从上市首日开始持有一定时期的原始收益率，进行市场收益率调整后得到持有期超额收益率(HPAR)。累积超额收益率(CAR)为日超额收益率的累加值。CAMP(capital asset pricing model，资本资产定价模型)超额收益率(CAMPAR)和 Fama-French 三因子模型超额收益率(FFAR),是对每只股票分别将持有期内日数据进行回归得到的截距项的累加。T 分别取 5 天、10 天、20 天、30 天、60 天、90 天、120 天、240 天(T 为交易日)。具体构造方法如下。

(1) 持有期原始收益率

$$HPR_i = \prod_{t=1}^{T}(1 + R_{i,t}) - 1 \tag{1}$$

其中,i 表示股票;t 表示上市天数;$R_{i,t}$ 表示个股日收益率。

(2) 持有期超额收益率

$$HPAR_i = \prod_{t=1}^{T}(1 + R_{i,t}) - \prod_{i=1}^{T}(1 + R_{m,t}) \tag{2}$$

其中,$R_{m,t}$ 表示市场收益率,具体以流通市值加权平均法计算的考虑现金红利再投资的日市场回报率方法计算。

(3) 累积超额收益率

$$CAR_i = \sum_{t=1}^{T}(R_{i,t} - R_{m,t}) \tag{3}$$

(4) CAMP 超额收益率

$$R_{i,t} - R_{f,t} = \alpha_i + \beta_{1,i}(R_{m,t} - R_{f,i}) + \varepsilon_i \tag{4}$$

其中,$R_{f,t}$ 表示中国人民银行公布的 3 个月定存基准利率;α_i 表示个股的 CAMP 超额收益率。

(5) Fama-French 三因子超额收益率

$$R_{i,t} - R_{f,t} = \alpha_i + \beta_{1,i}(R_{m,t} - R_{f,t}) + \beta_{2,i}SMB_t + \beta_{3,i}HML_t + \varepsilon_i \tag{5}$$

其中,$R_{m,t} - R_{f,t}$、SMB_t、HML_t 分别表示市场风险溢价因子、市

值因子和账面市值比因子(Fama and French, 1993)。根据市值中位数将股票划分为S、B两个组合,根据账面价值比30%和70%分位点将股票分为H、M、L三个组合,共获得6个(2×3)组合,通过流动市值加权得到每个组合的基准收益率。最后,计算市值因子和账面市值比因子:SMB=[(SH+SM+SL)-(BH+BM+BL)]/3,HML=[(SH+BH)-(SL+BL)]/2。

5. 解释变量和控制变量

解释变量为虚拟变量是否由“大发审委”审核(BigIEC),如果上会日期在2017年10月之后取1,否则取0。参考关于企业IPO上市后表现的研究,本文控制了前文提到的4个企业上市前财务表现变量(Growth_Avg、ROE_Avg、Size_1和Lev_1),以及上市时企业成立年限(Estage)、两职兼任(Dual)、独立董事比例(ID)、是否国有企业(State)、发行市盈率(IssPE)、会计师事务所声誉(Abig4)、主承销商声誉(Ubig10)(陈运森等,2014;权小锋等,2015;宋顺林和辛清泉,2017;杨玉龙,2018)。最后,本文还控制了行业(Industry)类别变量,行业划分参考陆蓉和常维(2018)的做法,除制造业外按照中国证监会2012年一级行业分类标准划分,制造业按照中国证监会2001年二级行业分类标准划分。另外,在检验发审委行为时,使用拟上市企业IPO审核通过(Pass)这一虚拟变量作为因变量。

变量说明见表1。

表1　变量说明

变量	变量符号	变量名称	变量定义
因变量	Pass	IPO审核通过	企业通过IPO审核取1,否则取0
	Growth_Avg	营业收入增长率	上市前三年营业收入增长率的均值。0.5×[(上市前第一年营业收入/上市前第二年营业收入-1)+(上市前第二年营业收入/上市前第三年营业收入-1)]×100

续表

变量	变量符号	变量名称	变量定义
因变量	ROE_Avg	净资产收益率	上市前三年净资产收益率的均值
	Size_1	总资产规模	上市前一年总资产的对数
	Lev_1	资产负债率	上市前一年资产负债率
	R&D	研发费用	研发费用的对数，其中 R&D_1 是上市前一年的研发费用，R&D_2、R&D_3 同理
	R&D_C	研发费用增长率	研发费用增长率，如 R&D_C1 为上市前一年研发费用增长率，R&D_C1 = (R&D_1/R&D_2.1) × 100
	Fltcst	发行费用	总发行费用的对数。细分为承销费用(Tludwfe)、中介机构费用[审计与验资费用(Cpafe)、信息披露费用(Decltfe)和律师费用(Lwyfe)]和其他费用，均为对数值
	DROE	业绩变脸	上市当年年末净资产收益率与上市前一年净资产收益率之差
	Growth	上市后成长性	上市当年营业收入/上市前一年营业收入 - 1
	HPR	持有期原始收益率	构造方法详见本文第四部分的“4.中短期市场表现”
	HPAR	持有期超额收益率	构造方法详见本文第四部分的“4.中短期市场表现”
	CAR	累积超额收益率	构造方法详见本文第四部分的“4.中短期市场表现”
	CAMPAR	CAMP 超额收益率	构造方法详见本文第四部分的“4.中短期市场表现”
	FFAR	Fame-French 三因子模型超额收益率	构造方法详见本文第四部分的“4.中短期市场表现”
解释变量	BigIEC	是否由“大发审委”审核	虚拟变量，上市企业是否由“大发审委”审核(上会日期 2017 年 10 月 1 日至 2019 年 1 月 31 日)，是为 1，否则为 0
控制变量	Estage	成立年限	上市时企业已成立时间(年)
	Dual	两职兼任	虚拟变量，董事长是否兼任总经理，是为 1，否则为 0
	ID	独立董事比例	董事会中独立董事人数占总人数的比例
	State	是否国有企业	虚拟变量，是否为国有企业，是为 1，否则为 0
	IssPE	发行市盈率	新股首次公开发行市盈率
	Abig4	会计师事务所声誉	虚拟变量，即是否为“四大”会计师事务所(普华永道、毕马威、安永、德勤)，是为 1，否则为 0
	Ubig10	主承销商声誉	虚拟变量，即主承销商当年承销收入是否排名前十名，是为 1，否则为 0
	Industry	行业	类别变量，除制造业外按中国证监会 2012 年一级行业分类标准划分，制造业按 2001 年中国证监会二级行业分类标准划分

（三）模型设定

1. 发审委行为

$$
\begin{aligned}
Pass = {} & \alpha + \beta_1 Growth\_Avg + \beta_2 ROE\_Avg + \beta_3 Size\_1 + \beta_4 Lev\_1 \\
& + \beta_5 BigIEC + \beta_6 Growth\_Avg \times BigIEC \\
& + \beta_7 ROE\_Avg \times BigIEC + \beta_8 Size\_1 \times BigIEC \\
& + \beta_9 Lev\_1 \times BigIEC + \beta_{10} Ubig10 + \sum \gamma_i Industry + \varepsilon \qquad (6)
\end{aligned}
$$

是否由“大发审委”审核（BigIEC）与企业财务状况的交叉项，揭示了审核标准的变化，回归控制了行业固定效应，用于验证假说1。

2. 研发费用、发行费用与企业上市后表现

$$
\begin{aligned}
Cost = {} & \alpha + \beta_1 BigIEC + \beta_2 Growth\_Avg + \beta_3 ROE\_Avg \\
& + \beta_4 Size\_1 + \beta_5 Lev\_1 + \beta_6 Estage + \beta_7 Dual + \beta_8 ID \\
& + \beta_9 State + \beta_{10} IssPE + \beta_{11} Abig4 + \beta_{12} Ubig10 \\
& + \sum \gamma_i Industry + \varepsilon \qquad (7)
\end{aligned}
$$

其中，费用（Cost）分别为研发费用和发行费用，将因变量（Cost）换成上市后表现（Performance）后分别表示上市后业绩表现、上市后市场表现，分别用于验证部分假说1和假说2、假说3、假说4。主要解释变量是否由“大发审委”审核的虚拟变量（BigIEC）。回归控制了行业固定效应。

五、实证结果与分析

（一）描述性统计

1. IPO审核通过率与终止审核情况

表2统计了2004—2019年IPO审核通过率，2017年10月至

2019 年 1 月“大发审委”在任时期，IPO 审核通过率 64.12%是继 2005 年之后的最低水平，且比上一时期低了近 22%，审核趋严态势明显。另外，从 2004—2019 年 IPO 审核数量和审核通过率可以发现，中国 IPO 审核进度具有不稳定性，政府主导下的 IPO 审核制度受到政策调控明显。

表 2 2004—2019 年 IPO 审核通过率

年　份	审核数量/家	通过率
2004	110	66.36%
2005	2	50.00%
2006	73	84.93%
2007	155	75.48%
2008	116	82.76%
2009	196	85.71%
2010	406	84.73%
2011	337	78.64%
2012	212	82.55%
2014	119	91.60%
2015	266	94.36%
2016	265	93.21%
2017 年 1—9 月	381	86.09%
2017 年 10 月至 2019 年 1 月	262	64.12%
总　计	2 900	82.90%

注：为了更为精确地计算和对比各期审核通过率，此处的统计不包括取消审核与暂缓表决的 IPO 企业。

资料来源：Wind 数据库。

图 1 统计了 2012—2018 年每季度 IPO 审核通过、被否决及终止审查企业数量，可以发现，最严“大发审委”上任初期(2017 年第四季度至 2018 年第一季度)，骤降的通过率使得退出审核的企业数量激增。另外，只观察审核通过率，似乎会发现“大发审委”在任期间审核“先紧后松”，其实是在上任后期大量企业已经退出审核，使得计算审核通过率的分母变小而审核通过率变大。进一步观察

2018年各季度审核通过的企业数量，基本都保持在30家左右，可见“大发审委”一直保持严格的审核风格。

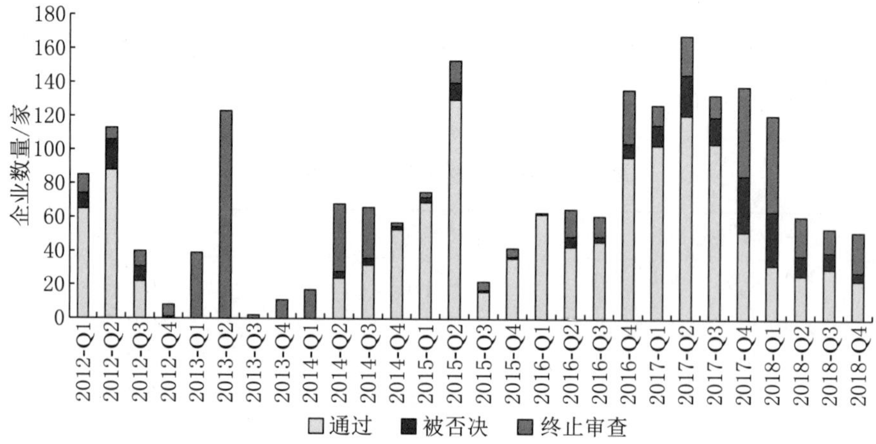

资料来源：Wind数据库。

图1 2012—2018年每季度IPO审核通过、被否决及终止审查企业数量

2. 主要变量描述性统计

表3展示主要变量描述性统计。财务表现分开统计了IPO审核通过并成功上市的企业和IPO被否决的企业，首先对比“大发审委”和非“大发审委”时期的数据，可以发现，不论是否通过审核，“大发审委”时期上会企业的总资产规模(Size_1)更大、资产负债率(Lev_1)更高，而净资产收益率(ROE_Avg)没有显著差异，说明“大发审委”时期可能出现小规模的企业被迫退出审核的情况；而营业收入增长率(Growth_Avg)仅在通过审核的企业中，“大发审委”时期明显高于非“大发审委”时期，似乎说明“大发审委”更注重企业的成长性；纵向对比不同时期IPO审核通过的企业和IPO被否决的企业，也可以发现只有在“大发审委”时期，审核通过的企业营业收入增长率高于被否决的企业。从费用的角度，“大发审委”时期审核通过的企业研发费用(R&D)和发行费用(Fltcst)都高于非“大发审

委”时期。这些描述性统计没有控制企业的规模，需在回归分析中作进一步讨论。

表 3 主要变量描述性统计

变量名		企业状态	“大发审委”		非“大发审委”		差异
			观测量	均值	观测量	均值	
财务表现	Growth_Avg	上市	168	23.90	610	14.33	9.57***
		被否决	90	18.60	67	14.86	3.74
	ROE_Avg	上市	168	21.10	610	20.40	0.70
		被否决	90	19.90	67	19.46	0.44
	Size_1	上市	168	21.60	610	20.66	0.94***
		被否决	90	20.37	67	19.91	0.46***
	Lev_1	上市	168	46.20	610	40.69	5.51***
		被否决	90	41.30	67	36.32	4.98*
研发费用	R&D_1	上市	132	17.40	513	17.06	0.34***
	R&D_C1	上市	121	1.46	468	0.81	0.65***
	Fltcst	上市	163	8.68	606	8.40	0.28***
业绩变脸	DROE	上市	124	−9.90	606	−8.47	−1.43**
中短期市场表现	HPR5	上市	163	1.04	606	1.09	−0.05***
	HPR30	上市	163	1.88	606	3.01	−1.13***
	HPR90	上市	157	1.50	606	2.58	−1.08***
	HPR240	上市	92	1.10	606	1.83	−0.73***
	HPAR5	上市	163	1.04	606	1.09	−0.05***
	HPAR30	上市	163	1.88	606	3.00	−1.12***
	HPAR90	上市	157	1.52	606	2.58	−1.06***
	HPAR240	上市	92	1.23	606	1.87	−0.64***
	CAR5	上市	163	0.80	606	0.83	−0.03***
	CAR30	上市	163	1.09	606	1.39	−0.30***
	CAR90	上市	157	1.02	606	1.31	−0.29***
	CAR240	上市	92	1.02	606	1.19	−0.17***
	CAMPAR5	上市	163	0.17	606	0.17	0
	CAMPAR30	上市	163	0.04	606	0.05	−0.01***
	CAMPAR90	上市	157	0.01	606	0.02	−0.01***
	CAMPAR240	上市	92	0	606	0.01	−0.01**
	FFAR5	上市	163	0.19	606	0.19	0
	FFAR30	上市	163	0.04	606	0.05	−0.01***
	FFAR90	上市	157	0.01	606	0.02	−0.01***
	FFAR240	上市	92	0	606	0.01	−0.01***

续表

变量名		企业状态	"大发审委"		非"大发审委"		差异
			观测量	均值	观测量	均值	
控制变量	Estage	上市	163	15.60	606	14.33	1.27**
	Dual	上市	163	0.46	606	0.50	−0.04
	ID	上市	163	0.36	606	0.37	−0.01**
	State	上市	163	0.14	606	0.08	0.06**
	IssPE	上市	163	21.60	606	23.11	−1.51
	Abig4	上市	163	0.15	606	0.03	0.12***
	Ubig10	上市	163	0.61	606	0.50	0.11***

***、**、*分别表示显著性水平为0.01、0.05、0.1。

注:①因篇幅限制,研发费用只报告上市前第一年的情况,上市前第二年和上市前第三年的结果一致;②发行费用只报告总发行费用,各分项发行费用结果与总发行费用一致;③中短期市场表现只报告 $T=5$ 天、30 天、90 天、240 天的情况,$T=10$ 天、20 天、60 天、120 天时结果一致。

资料来源:CSMAR 数据库。

在上市后表现方面,可以发现 IPO 审核通过并上市后的企业,DROE 都小于 0,即上市后中短期内业绩都会下滑;相比之下,"大发审委"审核通过的企业,业绩下滑更多,中短期营利能力差于非"大发审委"审核的企业。从中短期股票市场的反应看,无论从原始收益率还是不同方法计算得到的超额收益率,"大发审委"审核通过的企业股票收益率都更差。

最后,比较这两类企业的企业治理和聘请的中介机构等,可以发现"大发审委"审核通过的企业具有成立时间更长、独董比例更低、国企占比更大、聘请的主承销商和会计师事务所声誉更高等特点。从描述性统计可以初步判断,"大发审委"更注重企业的营业收入的成长性,但"大发审委"审核的企业上市后短期内会计业绩和市场表现都更差。对于出现这种矛盾的原因,还需要通过回归分析控制其他因素后,进一步讨论分析。

表 4　最严发审委与企业财务表现的回归结果

变　量	(1) OLS Pass	(2) OLS Pass	(3) OLS Pass	(4) OLS Pass	(5) Probit Pass	(6) Probit Pass	(7) Probit Pass	(8) Probit Pass
Ubig10	0.017 6	0.012 2	0.016 7	0.010 3	0.016 7	0.019 9	0.007 2	0.014 1
	(0.024 5)	(0.024 4)	(0.022 5)	(0.022 4)	(0.023 9)	(0.024 9)	(0.021 6)	(0.022 1)
Growth _ Avg	0	0.000 1	−0.000 4	−0.000 1	0	0	−0.000 2	−0.000 1
	(0.000 6)	(0.000 6)	(0.000 8)	(0.000 8)	(0.000 6)	(0.000 6)	(0.000 8)	(0.000 9)
ROE _ Avg	0.003 5***	0.003 6***	0.002 3*	0.002 2*	0.004 2***	0.005 0***	0.003 4	0.004 3*
	(0.001 3)	(0.001 3)	(0.001 2)	(0.001 2)	(0.001 5)	(0.001 6)	(0.002 3)	(0.002 2)
Size _ 1	0.071 7***	0.086 7***	0.065 7***	0.077 8***	0.115 2***	0.122 0***	0.162 9***	0.173 1***
	(0.010 3)	(0.014 0)	(0.012 7)	(0.015 1)	(0.018 7)	(0.021 5)	(0.030 6)	(0.030 5)
Lev _ 1	−0.001 8**	−0.002 0**	−0.001 2	−0.001 3	−0.002 4***	−0.002 8***	−0.002 4**	−0.002 9***
	(0.000 9)	(0.000 9)	(0.000 9)	(0.000 9)	(0.000 9)	(0.000 9)	(0.001 1)	(0.001 1)
BigIEC			−1.311 1***	−1.419 2***			−0.103 7	0.019 7
			(0.244 7)	(0.252 1)			(0.432 4)	(0.435 0)
Growth _ Avg× BigIEC			0.003 0**	0.002 6**			0.002 0*	0.002 2*
			(0.001 2)	(0.001 3)			(0.001 0)	(0.001 1)
ROE _ Avg× BigIEC			0.006 5**	0.007 2**			0.003 6	0.004 0
			(0.002 9)	(0.002 9)			(0.003 1)	(0.003 1)
Size _ 1× BigIEC			0.084 6***	0.094 0***			−0.016 2	−0.027 7
			(0.021 9)	(0.022 7)			(0.040 1)	(0.040 3)
Lev _ 1× BigIEC			−0.003 6*	−0.003 8*			−0.001 4	−0.001 3
			(0.001 9)	(0.002 0)			(0.001 7)	(0.001 7)
Industy	未控制	控制	未控制	控制	未控制	控制	未控制	控制
截距项	0.016 9	−0.483 8**	0.154 4	−0.483 2**	−4.615 1***	−5.196 7***	−7.992***	−9.200 7***
	(0.106 7)	(0.228 1)	(0.134 3)	(0.230 5)	(0.891 7)	(1.108 7)	(1.751 7)	(1.832 4)
调整的 R^2	0.059 3	0.075 1	0.194 9	0.213 2				
伪 R^2					0.088 9	0.109 0	0.241 7	0.278 3
观测量	935	935	935	935	935	935	935	935

***、**、* 分别表示显著性水平为 0.01、0.05、0.1。

注：①括号中为异方差稳健性回归标准误；②列(1)—列(4)为 OLS(ordinary least square，普通最小二乘)回归；列(5)—列(8)为 Probit 估计，系数为平均边际效应。

资料来源：Wind 数据库和 CSMAR 数据库。

（二）IPO 审核制度与发审委行为

1. 最严发审委与企业财务表现

表 4 展示了最严发审委与企业财务表现的回归结果，列（1）和列（2）、列（5）和列（6）没有加入是否“大发审委”审核的虚拟变量及其交叉项，总资产规模（Size_1）回归系数在 0.01 的显著性水平下为正值，资产负债率（Lev_1）回归系数在 0.05 的显著性水平下为负值，表明规模大、负债率低的企业受到发审委的欢迎。营业收入增长率（Growth_Avg）的回归系数不显著，对通过率没有影响。以上结果与胡旭阳（2011）的研究一致。不同的是，本文将净资产收益率的指标换为三年平均净资产收益率，发现净资产收益率（ROE_Avg）的回归系数在 0.01 的显著性水平下为正值，说明在 2015 年之后净资产收益率是受到发审委关注的。

表 4 回归结果中列（3）和列（4）、列（7）和列（8）加入了是否由“大发审委”审核的虚拟变量及其与财务状况的交叉项。通过列（7）和列（8）的 Probit 模型回归结果看，控制其他因素不变，营业收入增长率（Growth_Avg）与是否由“大发审委”审核（BigIEC）的交叉项在 0.1 的显著性水平下为正值，而总资产规模（Size_1）、净资产收益率（ROE_Avg）、资产负债率（Lev_1）分别与是否由“大发审委”审核（BigIEC）生成的交叉项系数没有稳健的显著性。这说明“大发审委”时期提高了对企业营业收入增长率的要求，但是对企业总资产规模、资产负债率、净资产收益率等的要求没有显著提高。财务指标中，主营业务收入增长率与企业成长性密切相关（吴世农等，1999），因为主营业务收入增长反映了企业的市场拓展能力。发审委被要求对拟上市企业的持续营利能力进行判断，减少未来出现财务风险的可能性，因此，发审委审核标准变严格时，将更加注重企业的营业收入增长率。

2. 最严发审委与企业研发费用

表5展示了最严发审委与企业研发费用的回归结果，由于只有上市企业披露研发费用，该部分仅对“大发审委”和非“大发审委”审核通过并已上市的企业进行比较。列(1)—列(3)是企业上市前一年到上市前三年研发费用情况，可以发现，在控制了企业总资产规模等控制变量后，是否由“大发审委”审核(BigIEC)的系数在0.05的水平下显著为负值，说明“大发审委”审核通过的企业上市前研发费用更低。列(4)和列(5)是企业上市前一年和前两年研发费用的增长率，控制其他因素后，BigIEC在0.1的显著性水平下为正值，说明上市前“大发审委”审核通过的企业研发费用增长更快。这一结论表明，“大发审委”审核通过的企业平均而言虽然上市前研发费用的增长更快，但是上市前研发费用的水平依然显著更低。

表5 最严发审委与企业研发费用的回归结果

变 量	(1) R&D_1	(2) R&D_2	(3) R&D_3	(4) R&D_C1	(5) R&D_C2
BigIEC	−0.267 5***	−0.303 7***	−0.340 4**	0.392 0*	0.597 1*
	(0.073 9)	(0.077 2)	(0.143 5)	(0.215 5)	(0.307 9)
Growth_Avg	0.002 1	−0.001 7	−0.002 9*	0.023 3***	0.024 8***
	(0.001 6)	(0.001 6)	(0.001 7)	(0.005 0)	(0.006 1)
ROE_Avg	0.017 4***	0.013 1***	0.008 6**	0.017 9**	0.030 8***
	(0.003 4)	(0.003 6)	(0.004 0)	(0.007 2)	(0.007 9)
Size_1	0.808 0***	0.803 3***	0.779 0***	0.113 4	−0.010 0
	(0.049 5)	(0.053 4)	(0.073 8)	(0.091 2)	(0.144 7)
Lev_1	−0.000 8	−0.001 3	−0.000 1	0.002 2	−0.001 6
	(0.002 1)	(0.002 3)	(0.002 7)	(0.005 1)	(0.006 0)
Estage	0.001 5	0.005 3	0.006 9	−0.018 4	−0.009 4
	(0.004 8)	(0.004 8)	(0.006 5)	(0.012 6)	(0.013 2)
Dual	−0.008	0.012 9	0.112 6*	−0.047 5	−0.188 2
	(0.055 3)	(0.056 4)	(0.061 9)	(0.131 1)	(0.150 6)
ID	0.148 1	−0.094 6	0.407	1.746 4	−3.124 8*
	(0.555 4)	(0.573 1)	(0.680 2)	(1.210 0)	(1.598 1)

续表

变　量	(1) R&D_1	(2) R&D_2	(3) R&D_3	(4) R&D_C1	(5) R&D_C2
State	−0.214 3	0.054 6	−0.005 1	−1.012 6**	−0.092 1
	(0.165 9)	(0.159 4)	(0.257 2)	(0.409 1)	(0.582 5)
IssPE	0.000 1	0.000 5	0.000 6	−0.002 8***	0.000 5
	(0.000 4)	(0.000 4)	(0.000 6)	(0.000 8)	(0.000 9)
Abig4	0.139 2	0.260 1	0.208 3	−0.788 4**	−0.896 6
	(0.206 9)	(0.232 8)	(0.287 0)	(0.309 9)	(0.643 9)
Ubig10	0.093 9*	0.060 1	−0.021 9	0.195 3	0.386 7**
	(0.055 6)	(0.057 2)	(0.059 4)	(0.136 1)	(0.154 9)
Industry	控制	控制	控制	控制	控制
截距项	−1.632 7	−1.786	−0.682 9	−1.316 1	−0.186 4
	(1.210 5)	(1.246 2)	(1.637 6)	(2.104 6)	(3.340 7)
调整的 R^2	0.568 4	0.568 0	0.499 2	0.202 2	0.211 8
观测量	645	594	492	589	491

***、**、* 分别表示显著性水平为 0.01、0.05、0.1。

注：①括号中为异方差稳健性回归标准误；②列(1)—列(5)均为 OLS 回归；③由于只有上市企业披露研发费用，该部分回归分析只包含 IPO 审核通过的企业，并剔除了未披露研发费用的上市企业。

资料来源：Wind 数据库和 CSMAR 数据库。

综合表 4 和表 5 的回归结果，可以说明，“大发审委”因高压下的规避风险行为，更加青睐财务表现上营业收入增长率高的企业，但会规避那些研发费用高的企业——未来有长期的发展潜力但当前存在风险的企业，这导致了发审委 IPO 资源配置效率下降，假说 1 得到支持。

（三）最严发审委与企业行为

表 6 展示了最严发审委与企业 IPO 发行费用的回归结果。可以发现，在控制了其他变量后，发行费用（Fltcst）在 0.1 的水平下显著为正值，审计与验资费用（Cpafe）、信息披露费用（Decltfe）和律师费用（Lwyfe）在 0.01 的显著性水平下为正值，承销费用（Tludwfe）

在“大发审委”时期和非“大发审委”时期没有显著的差异。这说明企业的确在审核趋严后，提高了发行费用，且主要是增加了中介费用。这可能是在“大发审委”的高压下，企业一方面为了谋求更高的通过率，进行了更细致的信息披露，或选择了声誉或业务能力更强的中介机构，另一方面，由于“大发审委”更严格的审核要求，中介机构进行了更多、更细致的核查工作，产生了更高的成本，以上两个因素都会带来中介机构费用的大幅提高。假说 2 得到支持。

表 6　最严发审委与企业 IPO 发行费用的回归结果

变　量	(1) Fltcst	(2) Tludwfe	(3) Cpafe	(4) Decltfe	(5) Lwyfe
BigIEC	0.056 0*	0.036 7	0.194 9***	0.097 3***	0.299 5***
	(0.034 0)	(0.038 9)	(0.059 9)	(0.019 7)	(0.060 4)
Growth_Avg	0.001 8**	0.001 9*	0	− 0.000 3	0.000 2
	(0.000 7)	(0.001 1)	(0.001 0)	(0.000 4)	(0.001 1)
ROE_Avg	0.009 8***	0.012 4***	0.000 9	− 0.000 3	0.000 8
	(0.001 5)	(0.002 3)	(0.002 6)	(0.000 9)	(0.002 5)
Size_1	0.295 0***	0.313 4***	0.131 1***	0.068 7***	0.140 5***
	(0.020 0)	(0.034 4)	(0.034 4)	(0.010 5)	(0.033 5)
Lev_1	− 0.005 4***	− 0.006 5***	0.002 5	− 0.000 5	− 0.003 3**
	(0.000 9)	(0.001 0)	(0.001 7)	(0.000 5)	(0.001 7)
Estage	0.004 5*	0.004 8*	0.000 3	− 0.000 2	− 0.004 7
	(0.002 4)	(0.002 9)	(0.003 5)	(0.001 5)	(0.003 9)
Dual	− 0.011	− 0.078 8	0.064	− 0.014	− 0.044 7
	(0.025 9)	(0.048 0)	(0.043 4)	(0.016 6)	(0.050 5)
ID	− 0.004 1	− 0.012 8	0.202 6	− 0.202 5	0.645 0
	(0.263 5)	(0.494 2)	(0.387 6)	(0.158 3)	(0.417 7)
State	− 0.027 3	− 0.027 0	− 0.195 5**	− 0.129 0***	− 0.453 0***
	(0.047 7)	(0.075 8)	(0.081 8)	(0.032 8)	(0.091 3)
IssPE	0.000 1	− 0.000 1	0.001 8***	− 0.000 5***	0.000 3
	(0.000 2)	(0.000 3)	(0.000 3)	(0.000 2)	(0.000 3)
Abig4	− 0.018 4	− 0.119 3	− 0.030 5	− 0.055 5	0.077 3
	(0.109 6)	(0.090 8)	(0.130 8)	(0.034 5)	(0.119 3)
Ubig10	0.056 6**	0.068 5**	0.025 1	− 0.004 6	0.025 2
	(0.026 7)	(0.033 2)	(0.042 5)	(0.016 8)	(0.049 9)

续表

变　量	(1) Fltcst	(2) Tludwfe	(3) Cpafe	(4) Decltfe	(5) Lwyfe
Industry	未控制	未控制	未控制	未控制	未控制
截距项	2.336 0***	1.574 6*	3.879 4***	4.845 1***	2.984 4***
	(0.580 3)	(0.948 9)	(0.783 0)	(0.310 9)	(0.782 7)
调整的 R^2	0.448 1	0.205 0	0.101 7	0.158 7	0.085 0
观测量	759	759	759	759	759

***、**、*分别表示显著性水平为0.01、0.05、0.1。

注：①括号中为异方差稳健性回归标准误；②列(1)—列(5)均为OLS回归；③该部分回归分析剔除了10家上市前三年营业收入存在缺失的企业。

资料来源：Wind数据库和CSMAR数据库。

(四)最严发审委与企业质量

1.最严发审委与上市后业绩变脸

表7展示了最严发审委与企业上市后中短期业绩变脸的回归结果。从列(1)—列(4)可以发现，控制其他影响因素和行业固定效应后，是否由“大发审委”审核(BigIEC)的系数在0.1的水平下显著为负值。这表明与非“大发审委”审核通过的企业相比，“大发审委”审核通过的企业上市后中短期内营利能力表现得更差，更容易出现业绩变脸。第(5)列加入了企业上市前研发费用和发行费用。可以发现，控制了其他影响因素后，上市前一年研发费用(R&D_1)在0.01的显著性水平下为正值，发行费用(Fltcst)在0.1的显著性水平下为负值，并且在控制了上市前研发费用和发行费用后，是否由“大发审委”审核(BigIEC)不再显著，说明研发费用低和发行费用高，能解释“大发审委”审核通过的企业更容易出现业绩变脸。综上，可得出“大发审委”审核通过的企业上市后营利能力较非“大发审委”审核通过的企业更差，更易出现业绩变脸，假说3得到支持。

表 7　最严发审委与企业上市后中短期业绩变脸的回归结果

变　量	(1) DROE	(2) DROE	(3) DROE	(4) DROE	(5) DROE
BigIEC	−1.383 1*	−0.757 7**	−1.661 7**	−0.829 6**	−0.718 2
	(0.765 1)	(0.357 2)	(0.740 9)	(0.364 9)	(0.640 7)
Growth_Avg		0.020 5**		0.021 4**	0.026 7**
		(0.010 0)		(0.009 4)	(0.013 0)
ROE1a		−0.719 4***		−0.728 5***	−0.768 7***
		(0.020 2)		(0.020 7)	(0.029 3)
Size_1		0.601 0***		0.990 9***	1.369 0***
		(0.169 5)		(0.214 9)	(0.401 9)
Lev_1		−0.023 6**		−0.022 4**	−0.020 6
		(0.010 2)		(0.010 9)	(0.015 7)
Estage		0.020 8		0.023 1	0.039 1
		(0.022 4)		(0.023 0)	(0.031 6)
Dual		−0.153 6		−0.140 9	0.158 1
		(0.275 2)		(0.282 7)	(0.364 4)
ID		0.078 0		0.058 6	1.562 0
		(2.709 1)		(2.693 4)	(3.581 5)
State		−0.930 4**		−0.995 9**	−1.283 9*
		(0.420 1)		(0.415 7)	(0.698 5)
IssPE		−0.010 9***		−0.015 3***	−0.014 6***
		(0.001 5)		(0.002 7)	(0.002 5)
Abig4		0.146 0		−0.027 1	−1.565 6**
		(0.582 8)		(0.614 3)	(0.755 5)
Ubig10		0.062 0		0.058 9	0.068 6
		(0.274 4)		(0.283 2)	(0.352 2)
R&D_1					0.311 3***
					(0.110 4)
R&D_2					−0.004 6
					(0.090 5)
R&D_3					−0.001 1
					(0.656 6)
Fltcst					−1.153 9*
					(0.601 9)
Industry	未控制	未控制	控制	控制	控制
截距项	−8.471 7***	−6.210 5*	−8.775 3	−14.903 5***	−12.692 2*
	(0.272 0)	(3.636 7)	(0)	(4.710 0)	(7.066 8)
调整的 R^2	0.004 2	0.744 5	0.046 6	0.748 8	0.726 9
观测量	730	730	730	730	487

***、**、* 分别表示显著性水平为 0.01、0.05、0.1。

注:①括号中为异方差稳健性回归标准误;②列(1)—列(5)均为 OLS 回归;③该部分回归分析剔除了 10 家上市前三年营业收入存在缺失的企业和 19 家上市后首年营业收入存在缺失的企业。

资料来源:Wind 数据库和 CSMAR 数据库。

2. 最严发审委与上市后市场表现

表8展示了最严发审委与上市后市场表现的回归结果，即企业IPO上市后5—240个交易日股票市场收益率与是否由“大发审委”审核的回归结果。回归控制了其他影响因素和行业固定效应，为了简洁，表8仅报告解释变量是否由“大发审委”审核（BigIEC）的回归系数和标准误，以及观测量和调整的 R^2。

上市后10—60天的短期内，用不同的收益率指标做被解释变量时，解释变量BigIEC的回归系数基本都在0.01的显著性水平下为负值。上市后90—120天的中期内，用持有期原始收益率（HPR）、持有期超额收益率（HPAR）和Fama-French三因子模型超额收益率（FFAR）衡量市场表现时，BigIEC都在0.01的显著性水平下为负值。这说明上市后中短期内，“大发审委”审核通过的企业上市后市场表现更差，“大发审委”的审核标准并没有得到投资者的认可。结果支持了假说4。

从时间纵向角度，可以注意到上市后240天内，“大发审委”审核带来的IPO审核通过的企业上市后股票收益率负面影响呈现先增后减的趋势，特别是经过市场收益率调整后的4个超额收益率指标。这可能是随着上市时间逐渐变长，企业向投资者公开披露的信息越来越多，双方之间的信息不对称性逐渐减弱，投资者逐渐发现“大发审委”时期审核通过的企业并非完全没有成长价值。但是240天时，用持有期原始收益率（HPR）、持有期超额收益率（HPAR）和Fama-French三因子模型超额收益率（FFAR）衡量市场表现时，BigIEC的回归系数依然显著为负值，说明投资者对“大发审委”审核通过的企业预期和信心依然低于非“大发审委”审核通过的企业。假说4仍然成立。

表 8　最严发审委与上市后市场表现的回归结果

持股天数		5 天	10 天	20 天	30 天	60 天	90 天	120 天	240 天
HPR	BigIEC 的回归系数	−0.018 7	−0.160 1***	−0.537 0***	−0.644 8***	−0.693 4***	−0.662 3***	−0.665 4***	−0.428 6***
	标准误	(0.011 8)	(0.059 5)	(0.140 1)	(0.161 0)	(0.142 1)	(0.151 5)	(0.154 7)	(0.160 3)
	调整的 R^2	0.169 0	0.282 2	0.264 9	0.208 5	0.228 9	0.211 4	0.210 4	0.114 4
HPAR	BigIEC 的回归系数	−0.020 6*	−0.159 4***	−0.536 2***	−0.636 7***	−0.670 7***	−0.630 5***	−0.626 4***	−0.340 2**
	标准误	(0.012 2)	(0.059 1)	(0.139 6)	(0.160 8)	(0.142 8)	(0.152 1)	(0.156 5)	(0.162 5)
	调整的 R^2	0.165 1	0.284 6	0.266 8	0.210 0	0.229 8	0.210 5	0.210 8	0.122 7
CAR	BigIEC 的回归系数	−0.012 9*	−0.065 4***	−0.132 1***	−0.136 2***	−0.143 6***	−0.122 1***	−0.125 1**	0.004 0
	标准误	(0.007 5)	(0.024 6)	(0.039 5)	(0.042 6)	(0.043 5)	(0.045 3)	(0.049 9)	(0.063 0)
	调整的 R^2	0.149 2	0.294 9	0.322 3	0.297 5	0.304 4	0.301 7	0.288 6	0.276 1
CAMPAR	BigIEC 的回归系数	0.005 7	−0.006 0**	−0.005 7***	−0.003 9***	−0.002 1***	−0.001 1**	−0.000 8*	0.000 1
	标准误	(0.004 1)	(0.002 7)	(0.002 1)	(0.001 5)	(0.000 7)	(0.000 5)	(0.000 4)	(0.000 3)
	调整的 R^2	0.020 7	0.216 3	0.298 0	0.281 0	0.303 2	0.300 5	0.287 7	0.281 7
FFAR	BigIEC 的回归系数	−0.000 9	−0.012 4***	−0.007 3***	−0.005 0***	−0.003 3***	−0.002 5***	−0.001 8***	−0.001 2***
	标准误	(0.024 2)	(0.004 1)	(0.002 4)	(0.001 6)	(0.000 8)	(0.000 5)	(0.000 4)	(0.000 3)
	调整的 R^2	0.007 5	0.079 7	0.252 6	0.262 7	0.317 7	0.311 6	0.314 8	0.344 1
	观测量	759	759	759	759	759	753	741	692

***、**、* 分别表示显著性水平为 0.01、0.05、0.1。

注：①表中结果为 IPO 上市企业中短期股票市场收益率与是否由“大发审委”审核的回归结果，包含 8×5＝40 个回归；②回归同时控制企业上市前财务状况、企业治理、中介机构声誉和行业固定效应；③该部分回归分析剔除 10 家上市前三年营业收入存在缺失的企业；截至 2019 年 8 月 21 日，部分企业上市不足 60 天，故部分中期市场表现指标存在缺失值；④括号中为异方差稳健性回归标准误。

资料来源：Wind 数据库和 CSMAR 数据库。

（五）稳健性检验

本文进行了以下稳健性检验，以验证本文的研究结论是否可靠。

1. 缩尾处理

将回归分析中用到的变量进行5%和95%的缩尾处理，结果与上文一致。

2. 删去金融行业企业

由于金融行业企业的财务报表与其他企业有差别，在回归中用到企业财务报表中的信息作为控制变量，可能会对结果产生影响。删去金融行业企业后，回归结果与原有结果差别不大，结果具有稳健性。

3. 上市后表现指标

上文中，市场收益率是按照流通市值加权法得到的，在稳健性检验中，更换为算术平均法、总市值加权平均法；上文计算Fama-French三因子超额收益率时，是按照市值和账面市值比 2×3 的分组方法计算的，稳健性检验中按照 5×5 等权重的分组方法。不同收益率计算方法下，结果同样与上文一致。

六、研究结论与政策建议

“大发审委”是IPO发行审核改革中的一次实践尝试，也为研究行政管制提供了难得的实验样本。提高门槛、明确标准、透明流程、自律问责等行政管制改革的良好初衷树立了中国证监会从严监管的市场形象，然而，制度设计的好坏并不是由主观愿望决定的，而是由资本市场发展的制度环境和内在规律等共同决定的。“大发审委”时期近半数申报IPO的企业被发审委否决或撤回申请，在预期不明确的条件下申报企业付出超额成本，一级、二级市场机构投资者作为市场投资标的的接受者也同时付出了代价。这既是行政管理部门螺旋式渐进改革的成本，也是资本市场各利益参与主体从行政管制到市场化转型过程中付出的代价。

本文研究了核准制下的从严审核对发审委行为、拟上市企业行为及 IPO 审核通过的企业上市后业绩和市场表现的影响。通过对比 2015 年股市异常波动后的“大发审委”时期和非“大发审委”时期的企业财务指标对审核通过率的影响，以及这两个时期审核通过的企业研发费用和发行费用的差异，发现“大发审委”在终身问责制度下，更加青睐财务表现上营业收入增长率高的低风险企业，而发展潜力大、未来成长性高、风险高的高研发费用企业成为审核趋严的牺牲品。同时，高风险或规模小的拟上市企业，会选择退出审核，观望发审委审核动向；而剩下来选择继续进行 IPO 审核的企业，会通过相关手段，增加 IPO 审核通过率，这带来发行费用的增加，部分导致“大发审委”时期 IPO 资源配置效率的下降。IPO 审核趋严的背景下，发审委的风险规避行为和企业发行费用的增加，使得看起来“优秀”的企业上市后更容易出现业绩变脸。在市场表现上，IPO 企业上市前后业绩的变化也导致投资者对企业估值的变化，同时，趋紧的审核标准忽略了企业未来的成长性和发展潜力，并没有得到投资者的认同，股票的市场表现更差。

本文为中国资本市场加快推行注册制提供实证支持。发审委在自身利益最大化、风险最小化的理性决策下，与为投资者筛选高质量、高成长性企业的预期目标并不完全一致。因此，要逐步实现专业委员合规审核、中介机构压实责任、投资者实质判断的注册制，建立市场主导的 IPO 市场准入机制。当前，中国经济结构和国际经济环境正发生着深刻变化，科技创新、商业模式创新日新月异，高度管制的IPO制度难以满足市场发展的需求,无法促进金融支持实体经济。另外,在中国资本市场发展尚不完善,存在大量个人投资者和非理性行为的背景下,新股发行审核制度从政府主导的核准制过渡到市场主导的注册制不可能一蹴而就。摸着石头过河、试点推行注册制、先试点再推广应当是目前的最佳选择。

参考文献

蔡宁、魏明海:《政府管制放松与投资者保护变迁》,《中山大学学报(社会科学版)》2008年第1期,第142—148页。

曹凤岐:《推进我国股票发行注册制改革》,《南开学报(哲学社会科学版)》2014年第2期,第118—148页。

陈辉发、蒋义宏、王芳:《发审委身份公开、会计师事务所声誉与IPO公司盈余质量》,《审计研究》2012年第1期,第60—68页。

陈运森、郑登津、李路:《民营企业发审委社会关系、IPO资格与上市后表现》,《会计研究》2014年第2期,第12—19页。

陈之大、彭念一:《我国股市扩容面临的问题和对策》,《财经理论与实践》1995年第1期,第59—61页。

杜兴强、赖少娟、杜颖洁:《"发审委"联系、潜规则与IPO市场的资源配置效率》,《金融研究》2013年第3期,第143—156页。

方军雄:《信息公开、治理环境与媒体异化——基于IPO有偿沉默的初步发现》,《管理世界》2014年第11期,第95—104页。

侯晓红、张书寒:《多板块资本市场IPO中真实和应计盈余管理》,《当代会计评论》2015年第8卷第2期,第124—139页。

胡旭阳:《什么样的拟发行人受发审委"青睐"——我国股票发行审核委员会审核行为的实证分析》,《财贸经济》2011年第6期,第60—67页。

胡志颖、李瑾、果建竹:《研发投入与IPO抑价:风险投资的调节效应》,《南开管理评论》2015年第18卷第6期,第113—124页。

黄俊、李挺:《盈余管理、IPO审核与资源配置效率》,《会计研究》2016年第

7 期,第 10—18 页。

黄亮华、谢德仁:《核准制下 IPO 市场寻租研究——基于发审委员和承销商灰色关联视角》,《中国工业经济》2016 年第 3 期,第 20—35 页。

蒋顺才、蒋永明、胡琦:《不同发行制度下我国新股首日收益率研究》,《管理世界》2006 年第 7 期,第 132—138 页。

李敏才:《发审委社会资本影响审计需求和审计收费吗?——来自中小板 IPO 的实证证据》,《审计与经济研究》2013 年第 28 卷第 5 期,第 50—59 页。

李翔、牛玉凝、陈浩:《新股发行速度裁量与公司盈余管理——基于首次公开发行股票公司视角的考察》,《南京社会科学》2017 年第 12 期,第 33—38 页。

柳建华、孙亮、卢锐:《券商声誉、制度环境与 IPO 公司盈余管理》,《管理科学学报》2017 年第 20 卷第 7 期,第 24—42 页。

陆蓉、常维:《近墨者黑:上市公司违规行为的"同群效应"》,《金融研究》2018 年第 8 期,第 172—189 页。

屈源育、沈涛、吴卫星:《上市公司壳价值与资源配置效率》,《会计研究》2018 年第 3 期,第 50—56 页。

权小锋、尹洪英、吴红军:《媒体报道对 IPO 股价表现的非对称影响研究——来自创业板上市公司的经验证据》,《会计研究》2015 年第 6 期,第 56—63 页。

宋顺林、辛清泉:《新股发行隐性成本与上市后业绩表现——基于 IPO 停摆外生事件的经验证据》,《经济学(季刊)》2017 年第 16 卷第 4 期,第 1449—1476 页。

田利辉、张伟、王冠英:《新股发行:渐进式市场化改革是否可行》,《南开管理评论》2013 年第 16 卷第 2 期,第 116—132 页。

田野、陈全:《政府监管、自主裁量与审批效率》,《金融研究》2012 年第 3 期,第 95—108 页。

王冰辉:《价格管制与 IPO 时机选择》,《经济学(季刊)》2013 年第 12 卷第 2 期,第 407—428 页。

吴世农、李常、青余玮:《我国上市公司成长性的判定分析和实证研究》,《南开管理评论》1999 年第 4 期,第 3—5 页。

夏立军:《中国资本市场 IPO 制度的演进与得失》,载周林:《智汇安泰——

交大安泰智库经管评论集(第二辑)》,格致出版社 2018 年版。

肖曙光、蒋顺才:《我国 A 股市场高 IPO 抑价现象的制度因素分析》,《会计研究》2006 年第 6 期,第 70—75 页。

辛清泉:《会计选择与证券审核监管》,《当代会计评论》2018 年第 11 卷第 2 期,第 12—23 页。

杨记军、赵昌文:《定价机制、承销方式与发行成本:来自中国 IPO 市场的证据》,《金融研究》2006 年第 5 期,第 51—60 页。

杨玉龙:《发审委校友关系会否扭曲 IPO 资源配置》,《财贸经济》2018 年第 39 卷第 7 期,第 96—112 页。

余东华:《政府与市场:一个管制经济学的视角》,《经济体制改革》2004 年第 1 期,第 44—48 页。

余晖:《管制的经济理论与过程分析》,《经济研究》1994 年第 5 期,第 50—54 页。

张维迎、周黎安、顾全林:《高新技术企业的成长及其影响因素:分位回归模型的一个应用》,《管理世界》2005 年第 10 期,第 94—101 页。

张学勇、张叶青:《风险投资、创新能力与公司 IPO 的市场表现》,《经济研究》2016 年第 51 卷第 10 期,第 112—125 页。

周孝华、赵炜科、刘星:《我国股票发行审批制与核准制下 IPO 定价效率的比较研究》,《管理世界》2006 年第 11 期,第 13—18 页。

朱红军、钱友文:《中国 IPO 高抑价之谜:“定价效率观”还是“租金分配观”?》,《管理世界》2010 年第 6 期,第 28—40 页。

朱宏泉、朱露:《异常审计费用、审计质量与 IPO 定价——基于 A 股市场的分析》,《审计与经济研究》2018 年第 33 卷第 4 期,第 55—65 页。

Chang X., Gygax A. F., Oon E., et al., Audit quality, auditor compensation and initial public offering underpricing. *Accounting & Finance*, 2008, 48(3):391—416.

Coad A., Rao R., Innovation and firm growth in high-tech sectors: a quantile regression approach. *Research Policy*, 2008, 37(4):633—648.

Del Monte A., Papagni E., R&D and the growth of firms: empirical analysis of a panel of Italian firms. *Research Policy*, 2003, 32(6):1003—1014.

Fama E. F., French K. R., Common risk factors in the returns on stocks and bonds. *Journal of Financial Economics*, 1993, 33(1):3—56.

Francis J. R., Wang D., The joint effect of investor protection and Big 4 audits on earnings quality around the world. *Contemporary Accounting Research*, 2008, 25(1):157—191.

Kanagaretnam K., Lim C. Y., Lobo G. J., Auditor reputation and earnings management: international evidence from the banking industry. *Journal of Banking & Finance*, 2010, 34(10):2318—2327.

Mansfield E., Entry, Gibrat's law, innovation, and the growth of firms. *The American Economic Review*, 1962, 52(5):1023—1051.

Penman S., Zhang X., A theoretical analysis connecting conservative accounting to the cost of capital. *Journal of Accounting and Economics*, 2020, 69(1): 101—236.

Pistor K., Xu C., Governing stock markets in transition economies: lessons from China. *American Law and Economics Review*, 2005, 7(1):184—210.

Smith A., *An Inquiry into the Nature and Causes of the Wealth of Nations*. Chicago: University of Chicago Press, 1776.

Stigler G. J., The theory of economic regulation. *The Bell Journal of Economics and Management Science*, 1971, 2:3—21.

(原载《当代会计评论》第 13 卷第 4 辑)

人口疏解未必是城市发展的必经之路

陆　铭

环顾全球，一边是人口不断向城市，特别是大城市集中，一边是不断有人呼吁要通过疏解城市的人口来缓解拥堵等城市病问题。持有疏解人口主张的人，往往从市中心人口密度较高，拥堵较严重，直接跳到疏解人口和发展多中心城市的政策建议，但却没有充分解释城市特别是市中心的人口密度背后是什么。也没有解释为什么大家觉得在大城市有更严重的城市病，但还是要往大城市去。是不是简单粗暴地给人们扣上个非理性的帽子，然后，就认为疏解人口的政策可以让城市发展得更好？

我觉得要回答疏解人口和治理拥堵之间的关系问题，最起码要做三件事。第一，要解释清楚什么叫城市，它的本质跟农村有什么差别，同样的道理，也要讲清楚大城市和小城市之间的差别在哪里。第二，在逻辑上讲清楚，疏解人口对城市通勤、生产和生活会造成什么影响。第三，要提供基于实际数据的经验研究来验证人口密度或者疏解人口与交通拥堵之间的关系。这篇文章就来做这三件事。希望对于关心这个问题的读者能够有所启发，也恳请后续的讨论不要回避这三个绕不开的问题，免得把不切实际的理想强加于城市发展之上。

为什么城市和市中心密度高?

关于城市是什么,以及城市和农村的本质差别是什么,前辈学者周其仁先生有过一个简洁的概括,那就是人口密度,城市人口密度高于农村。周老师的回答可以再进一步引出以下问题:为什么城市的人口密度要高于农村?

我的答案是,城市在本质上是方便人和人见面的地方。这个看似无厘头的回答,其实含义非常深刻。在农业社会,人类的经济生活比较简单,各自种好各家的地,吃饱了就行,最多在农村的集市上交换一点生活的必需品。绝大多数的人一辈子的活动范围不超过县城,也没关系。

工业化改变了人类生活的形态,带来了人口集聚。工业的发展用机器和流水线以及不同企业的上下游关系,把人类组织在了一起。不同的工人在同一个企业里工作,不同的企业相互之间成为对方的供应商或者需求者。人和人之间分工协作的范围扩大了,而人口密度就是人和人之间打交道的距离。相互之间离得太远,则分工协作的成本太高。

后工业化社会的来临,进一步提高了人口密度的重要性。在这个规律背后,隐藏着基本的人性。我相信绝大多数的读者不会反对,随着收入水平的提高,人越来越多地消费服务,并且越来越需要高质量和多样性的服务。同时,绝大多数的服务产品难以运输,无法储藏,必须在面对面交流时,同时完成生产和消费。高人口密度则意味着服务生产和消费的成本更低。

城市是方便人与人见面的地方,大城市因为人口规模大,通过规模经济效应,可以比小城市拥有更多、更好和更多样性的服务。

这就解释了，为什么经济发展水平越高的国家城市化率越高，且人口进一步再向大城市集中，即便在已经进入发达状态的国家，城市化和大城市的发展仍然没有停止脚步。反倒是在中国这个城市化过半不久的国家，有一些反对城市和高人口密度的人士，耐人寻味的是，其中不少人自己是生活在大城市的，并且声称厌倦了现代化，这简直是一个当代版的“何不食肉糜”。

如果说城市更加方便人们的见面，那么市中心就是在城市里最方便人们见面的地方。其中的道理再简单不过。如果我们把城市表示为一个圆形，那么圆心的位置就是距离其他各地最近的位置。

既然如此，市场经济配置资源的结果就是市中心会让给最需要与他人见面的行业和个人。竞争的结果就是，你必须通过支付更高的租金或者房价，把公司开在市中心或者住在市中心。如此“竞租”的结果就是城市形成了圈层结构。在最市中心的往往是金融，因为这个行业需要服务于城市的每一个人和每一家企业。然后是文化、科技、教育，在最外围是制造业。制造业放在城市的外围，一部分是因为污染的原因，更本质的原因是制造业占地多，又支付不起市中心的租金，同时，制造业也不像服务业那样，需要跟那么多人打交道。

由政府提供的城市公共服务，虽然不完全按照市场的竞租逻辑来布局，但公共服务是服务于人的，因此，类似于博物馆、歌剧院这样的设施，也往往放在接近市中心的地方，以便于让尽量多的市民方便使用。遗憾的是，中国还真有地方把外观非常漂亮的图书馆和剧院建在远郊。

大数据视野下的城市人口分布与出行

大城市的市中心人口密度更高、服务业（包括教育、医疗和文化设施)更集中,这个不难想象。如果用大众点评大数据呈现上海餐馆的好评得分和多样性指数,可以很清楚地看到,外环以内(特别是内环以内)餐馆质量和多样性指数明显更高。

综合上面的讨论,城市空间结构可以达到某种最优状态。在这种状态之下,中心城区拥有更高的人口密度,更多、更好、更多样性的服务业,也有更多、更好的就业机会。居住在市中心的人口或者办公地点在市中心的企业获得更好的便利性,但是付出更高的房价和租金。对于居民来说,中心城区的服务业既是就业机会,也是消费场所,就需要在房价和通勤之间进行权衡。如果选择上班地点在市中心,收入可能更高,于是,要么居住在市中心,付出更高的房价,要么远离市中心,节省房价,但需要付出更高的通勤时间和金钱。当然还有一个组合,那就是住得远离市中心,且就近上班,但是就只能放弃更高的收入。

我们来看一下上海的人口空间分布和通勤模式。根据手机信令数据可以计算出 2019 年 1 千米×1 千米格网的上海白天人口和夜间人口的空间分布(白天人口接近于就业人口的概念,而夜间人口接近于居住人口的概念)。相关数据显示,上海白天人口主要集聚在内环,呈现出典型的"核心—边缘"格局,而夜间人口则具有较为明显的向外扩散趋势,内环线内的核心区人口分布明显减少,人口主要分布在内环和内外环中间的部分地区,也有部分人口在郊区的新城呈现点状分布特征。

那么,上海居民的出行是什么样的模式呢?根据手机信令数据计算所得的上海跨 250 米边长四方网格就业的居民出行方向显示,就业于内环以内的居民大量从城市的各个方向往市中心通勤,就业于内外环之间的人,也大量来自各个方向,但是,明显可以看出,从内环出发向外通勤的人不多,这又说明,居住在内环内的居民大量是在内环内就业，且承受了高房价。

城市的最优空间形态不是一成不变的。随着经济发展阶段的提高，城市、大城市和大城市的市中心变得越来越重要，其中的原因就在于服务业的发展，它在GDP中所占的比重和在就业中所占的比重是越来越高的。更深层的原因在于，经济发展水平越高，劳动成本越高，一个国家在制造业里的比较优势越弱，而服务因为是不可贸易的，只能大量自己生产，所以发达国家服务业总是比发展中国家占比更高。当一个国家服务业占比越来越高的时候，人口的空间分布会发生什么变化呢？答案是人口越来越向城市集中，向大城市集中，向大城市的中心城区集中。

读者会问，不是说有“郊区化”和“逆城市化”现象吗？中学的教科书里就是这么写的呀。我借这个机会向教育部编写中学地理教材的部门呼吁一下，是时候修改地理教材了。中学地理教材讲到的郊区化和逆城市化的现象已经是几十年前的事情。当时出现的情况是，发达国家仍然有大量的制造业就业岗位，分布在大城市边缘或者中小城市，同时，汽车和高速公路普及，在一小时车程里可以跑很远。在美国还出现了大城市中心城区被低收入群体占据，犯罪率上升，公共服务质量恶化。这些因素叠加在一起，的确出现过一定阶段的人口离开大城市中心城区的现象。以纽约为例，其下的曼哈顿区、布朗克斯区和布鲁克林区等密集地区的人口向皇后区、纽约州的其他郡以及新泽西扩散。数据显示，曼哈顿区人口从1950年的196.01万人下降到1980年的142.83万人，总量减少27%，呈现逐年下降的态势；而同期皇后区的人口由155.08万人增长到198.65万人，总量增长21.95%；纽约周边的新泽西州人口从1950年483.53万人增长到1980年的736.48万人，总量增长 52.31%。[1]

但是人口离开大城市(特别是其中心城区)这个现象在 20 世纪 80 年代中后期就已经得到逆转了。这个趋势和产业结构调整有关,越来越多的服务业,特别是以知识和信息为核心竞争力的生产性服务业,进一步集聚中心城区。而此时,美国大城市(比如纽约中心城区)的犯罪率出现了大幅度的下降,不同族群的社区融合有所改善,于是人们又重新回到了城市的中心地区居住和工作。例如,纽约人口从 1980 年的 707.16 万人回升至 2000 年的 800.83 万人,其下辖五区均有不同程度的增加,其中布鲁克林区和皇后区分别增加 23.44 万人、33.81 万人,曼哈顿人口则从 1980 年的 142.83 万人回升到了 153.72 万人,人口集聚态势明显。[2]而伦敦同样走过了"疏解人口"到"重聚人口"的道路,1979 年,伦敦面对新城计划带来内城的衰败,通过颁布《内城地区法》结束了 30 年来的新城运动,工党政府将更多资源投入内城区域以促进内城复兴。此时,内伦敦人口从 1981 年的 249.80 万人回升至 2001 年的 276.61 万人,2011 年则达到了 323.19 万人。[3]特别值得一提的是,东京在日本总人口已经出现负增长的趋势下,不管是东京都(相当于上海三分之一的面积)还是东京圈(相当于上海加苏州的面积),人口都仍然在正增长。

刚才讨论的是人口有没有离开大城市,如果换另外一个指标,看一个国家人口中有多少居住在城市,也就是城市化率,那么我可以告诉读者,城市化率一直是随着经济发展水平提高而上升的。如

---

① 数据来源于美国人口普查局官网,参见 https://en.wikipedia.org/wiki/New_Jersey 以及 https://en.m.wikipedia.org/wiki/Demographic_history_of_New_York_City。

② 数据来源于美国人口普查局官网,参见 https://en.m.wikipedia.org/wiki/Demographic_history_of_New_York_City。

③ 数据来源于英国国家统计局官网,参见 https://data.london.gov.uk/。

果在城市化率下降这个意义上定义“逆城市化”，这件事情从来没有过，极个别的“逆城市化”出现在经济大衰退时期。原来的计划经济国家曾经出现过政府推动的过度工业化，在向市场经济转型后出现了一些回调，一些人回到了农村，这些都不是历史的常态。

疏解城市人口的得失

把什么是城市，以及城市化和人口向大城市和大城市的中心城区集中趋势给解释清楚，再来讨论疏解城市人口的政策，就方便了。

前面说过城市的发展和人口密度高是因为服务生产和消费的需要，还有就是信息的交流。这些好处弥漫在空气之中，人们不易感受到，但是拥堵却是一出门就能体会到的。那么，哪里车流人流最多，拥堵相对更严重呢，当然是城市的中心地带。人口大量向中心城区通勤的现象确实存在，于是简单粗暴的政策建议就出来了：让我们疏解人口来缓解城市的拥堵。

疏解城市中心人口的结果之一可能是加剧拥堵，适得其反。不妨先假定城市内部人和人之间的互动频率维持在一个既定的数量上，将人口从中心城区疏解到郊区，将使得人口密度总体下降，人和人之间进行互动的距离上升。在给定互动频率的情况下，互动距离的上升就意味着通勤距离、时间和资源消耗是上升的。如果再给定道路和基础设施的资源总量，那么结果就是拥堵增加。

行政力量疏解人口的另一个可能的结果就是经济下滑和生活质量的下降。在刚才的分析中，我们假定了互动的频率是给定的，于是人们通勤的距离和成本上升，这本身就是生活质量的下降。而考虑到通勤的距离和成本上升，城市的居民就会减少互动的频率，而这样的话，就意味着给居民的就业和服务消费施加了一个约束，经济增长和生活质量必定受到损失。人们可能看到的是拥堵减少，但却看不到这是以经济下滑和生活质量的下降为代价的。

用行政手段疏解人口所导致的后果还与市中心的建筑存量有关。给定市中心的建筑存量，如果一时人口疏解出去，则相应地，市中心租金会下降。而租金下降则进一步引致人口进入，使得疏解人口的政策失效。如果给定市中心建筑存量，相应提高商业地产比例来达到疏解居住人口的目的，则有可能使得商业地产出现过剩的状况。在上海，最近这些年中心城区的活力有所下降，虽然很难有严格的证据来证明这与疏解人口有关，但从人口密度与服务业发展的相关性来说，疏解人口是有可能导致中心城市活力下降的。有文章认为，1978—2000 年间，就是因为长期产业人口疏解政策和新城计划导致伦敦内城出现严重的财政、就业等问题，致使城市中心经济增速减缓，内城衰落。①

那么，是不是可以去控制中心城区的建筑供应总量，来达到疏解人口的目的呢？如果疏解人口是唯一目的的话，那么这个做法是可以的。但是，正如前面所指出的那样，中心城区最方便人们见面，它的区位显示了它的商业和居住价值，如果建筑总量被控制住，那么价格就会往上涨，既会影响居民的生活成本，也会影响商业地产的租金，从而抬高服务企业的生产成本。

当然，并不是所有控制中心城区建筑总量的政策都是不对的。如果中心城区具有古城建筑保护的需要，或者有类似于杭州西湖这样的风景区，或者有除了商业和居住之外的其他特殊用途，那么控制中心城区的建筑总量和高度有别的意义，另当别论。

除了疏解人口之外，城市的拥堵其实是可以通过基础设施建设

---

① 张倩：《伦敦兴衰启示：从疏解人口到重聚人口》，载《财经》2017 年 10 月 16 日。

和管理的改进来缓解的，这些城市治理有大量的实践经验，我们在这里不讨论。我只想借此机会再强调一个问题，城市的管理者和居民都要有一个概念，城市的拥堵处在某一个水平上，可能是最优的。如果试图把城市的拥堵降到零，既是不现实的，也不是最优的。一个城市在一天之内不同时段的人流和车流是不一样的，如果连最大人流和车流时段也不存在拥堵，那么，在其他时段城市的道路等基础设施必然严重闲置并消耗大量资源。另外，让我们来做一个思想实验。你如果把中心城区的建筑量减到一个很低的值，相应地提高道路的长度和面积，那么由于中心城区没有什么就业机会了，拥堵真的可能会消失，但是这个城市也就死了。

让我来总结一下，城市的拥堵问题是与城市的人口规模及其空间分布紧密相关的问题。城市规模扩大，有其带来经济发展和生活质量的好处，但这件事情是有代价的，代价之一就是房价，代价之二就是拥堵。在城市人口增长带来的好处、房价和拥堵三者之间存在着某种最优组合。如果要在三个维度上同时改善城市的生活质量，并且提升企业的竞争力，那么能做的就只能是技术和管理的改善。造地铁、加强对于交通违章的管理、征收中心城区的拥堵费，甚至近年来，随着大数据技术的进步，可以用大数据来管理城市的交通，这些都可以在改善拥堵的同时，不影响城市竞争力和生活成本，而且可以释放城市的活力。①

---

① 据《生活日报》2018 年 1 月 26 日报道，“2018 年 1 月 25 日，济南的智慧交通体系样本登上在北京召开的智慧交通峰会。济南交警支队副支队长韩军庆介绍，济南与滴滴共同建立互联网＋信号灯实验室，研究规范建立交通信号控制系统与出行大数据平台互联的数据交换机制。目前，济南已经在市区超过 300 多个路口进行信号灯配时优化，设立 97 块智慧交通诱导屏。据悉，滴滴大数据每天为济南市民节省超过 3 万小时的通行时间。而通过减少车辆怠速、缓行时间和排队过程中停车启动次数，也间接减少了二氧化碳排放，济南全年累计减少 4.4 万吨二氧化碳排放”。

一旦给定城市的技术和管理水平，对于居住在城市里的居民，在高房价和长通勤之间，要选择一个适合自己的生活方式。而每一个人做了最优选择之后，就形成整个城市的人口空间分布。如果政策制定者以为可以通过改变人口的空间分布，把人疏解到郊区就可以治理拥堵，结果却有可能反而增加拥堵。最糟糕就是通过限制中心城区的住房供应来疏解人口，它的结果有可能是中心城区的高房价和郊区人口的长通勤两个代价同时上升。

疏解人口真的可以缓解拥堵吗？

我一直主张，讨论政策问题最好用理论逻辑和数据说话。这里，我首先要给读者看的数据是，城市总人口规模与交通拥堵的关系其实很微弱。

我们先简单地对比一下国际上城市间的拥堵水平。从荷兰TOMTOM公司发布的全球城市交通拥堵指数来看，伦敦和纽约的拥堵水平分别排名第25和第49，排名第25之前的中国大陆城市有重庆、成都、北京、长沙、广州、深圳、杭州、石家庄、上海、天津，其中大部分城市的人口规模都小于伦敦和纽约。说明人口规模越大，城市并不必然是越拥堵的。

在国内，高德公司发布了中国主要城市的拥堵指数（即拥堵时的通勤时间除以通畅时的通勤时间），使得我们可以来考察城市人口规模和拥堵之间的关系。结果发现，就业人口（用来度量城市人口规模）最大的城市的拥堵指数不到1.8，而最小的城市的拥堵指数为1.6左右，相差其实并不大（参见图1）。

图1显示，上海的人口规模要高于北京，但是拥堵指数却比北京小很多，这也再次说明，拥堵并不一定和大城市的人多有很强的

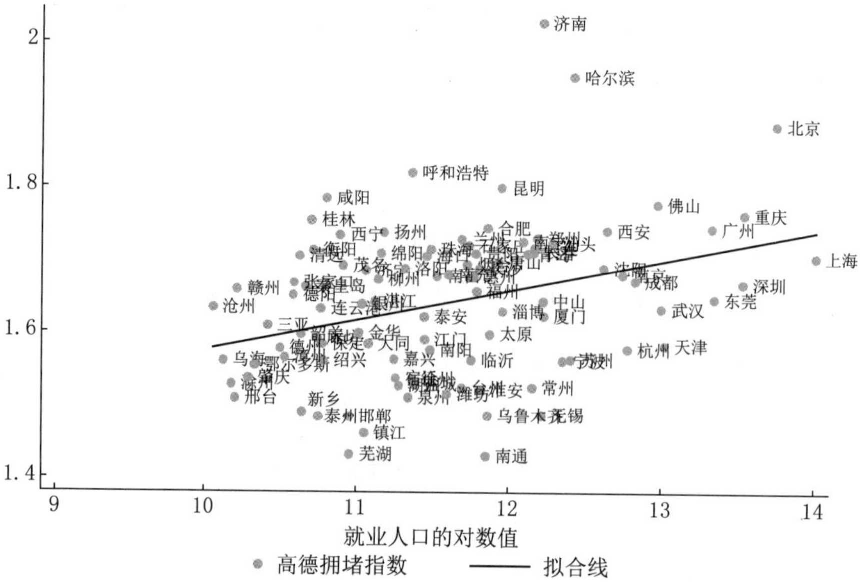

图 1　交通拥堵与城市就业人口规模

关系。不仅如此，图 1 还显示，济南、哈尔滨和北京，这三个高德交通报告称作“老牌堵城”前三甲的城市，它们的交通拥堵程度明显高于其他城市，其中拥堵最严重的济南和哈尔滨甚至还不是一线城市。这也说明，城市的拥堵与人口规模关系并不密切，都有各自的原因。以济南为例，2010 年济南市辖区人口规模在所有城市中排名第 18，但是由于地理等原因，第一条轨道交通线路济南 1 号线于 2019 年 4 月 1 日才正式商业运营。同时，民用汽车数量最近十年保持 10%以上的年增长速度，平均每三到四人一辆民用汽车。并且济南北边有河、南边有山，城市形态为东西长、南北短的狭长结构，职住分离严重，但缺少东西向的地铁和数量众多的快速路承载主要交通，市中心又有趵突泉、千佛山、大明湖等景点截断交通，因此东西向交通拥堵比较严重。

另一个鲜明的对比是，香港的拥堵指数较小，仅为 1.59，在 100 个城市中排名第 63，拥堵程度仅相当于金华、太原、韶关、廊坊、江门、大同等城市。但是，香港的人口规模、人口密度、经济发展水平和往来路过的人口数量都远在这些城市之上。这又从一个侧面说明交通拥堵是可以治理的，并不是必然会在大城市发生的。

事实上，高德公司发布的2016年以来各季度“中国主要城市交通分析报告”均显示，拥堵增加的多为三四线城市，拥堵缓解的多为一二线城市。

但是城市人口增加，还会通过增加通勤距离来增加通勤时间，拥堵仅仅是其中的一个方面。综合而言，人口对通勤时间的影响有多大呢？

我们的研究结果显示，城市就业人口规模增加1倍，通勤时间只增加9.52%，约2.084分钟。也就是说，城市人口增加，的确会带来通勤时间的增长，但是由于人口密度增加、城市变得更加紧凑、交通基础设施改善等原因，通勤时间增加的幅度实际上非常小。我猜，这样的一个数据结果，可能超出了很多人的预期。但是我可以告诉读者，不仅中国是这样，美国的数据也显示出来几乎同样的结果。①

那可能读者就会问我，怎么会有这样一种好像超出我们预期的结果呢？其实，当一个城市人口增多的时候，人们会想各种各样的办法来适应城市的生活。这个时候，有一些解决交通拥堵和缩短通勤时间的办法也就会被想出来了。这里，我就又要谈到人口密度的正面意义了。

很多人凭直觉，认为城市人口密度更高的时候，交通拥堵会更严重。其实不一定的。当大城市人口规模增加的时候，它的人口密

---

① 李杰伟、陆铭：《城市人多添堵？——人口与通勤的实证研究和中美比较》，载《世界经济文汇》2018年第6期，第1—16页；Anas, A., “Why Are Urban Travel Times so Stable?”, *Journal of Regional Science*, 2014, 55(2):1—32。

度通常来说也是更大的，这个时候，人口密度会通过下面几个机制，有可能反而会缓解城市的拥堵问题，缩短人们的通勤时间。

首先，当你生活在一个人口密度比较高的城市，人口密度高也同时意味着你到周边的生活服务的距离会比较短，也有可能你距离工作地点也会更短。那么这个时候，其实它起到了一个缩短人们通勤时间和距离的作用。你如果去香港，第一个感觉可能会是，“唉呀，钢筋森林”。但是你渐渐会爱上香港，因为香港实在是太方便了，基本上在步行距离之内，你的各种各样的生活服务需要都能够得到满足。

其次，人口密度高，人们会提高公共交通利用率。不要忘记公共服务的提供是有规模经济效应的，高人口密度使得公共交通能够被有效地提供，甚至可以使公共交通成为能挣钱的服务。在一个城市的市中心和郊区，你会非常明显地感觉到，生活在市中心的居民，在出行的时候会有更高的比率来利用公共交通，比如说地铁和巴士。而在低密度的郊区，不要说通常的公共交通了，就连共享单车都没有。

第三，除了公共交通之外，一些其他有利于缓解拥堵的设施也只有建在高密度区域才有规模经济。到过香港的朋友会发现，在香港最核心区，比如说中环这样的地方，建设有大量的地上和地下的通道。香港有些道路其实并不宽，但是它基本上可以实现全封闭，是不允许人流穿越马路的。当大量的人流通过地上和地下的通道来进行步行的时候，其实地面的交通就反而通畅了。

我讲的这些例子就是要告诉读者，不能简单地认为人口多、人口密度高，就不利于交通出行的便利性，其实，有的时候反而是人口密度高有利于缓解交通拥堵的状况。

除了直观的个案之外，我的团队做过一项全球范围大约 100 个大城市的研究，在这些城市里，如果给定城市的总人口，那么，人口密度高的城市反而拥堵程度低。而且，这种“人口密度有利于缓解拥堵”的效应，主要出现在人口超过 1 000 万的超大城市。①在中国城市样本中，也是一样，我们发现，如果给定城市的总人口，那么，人口密度高的城市反而拥堵程度低。②无独有偶，孙斌栋和但波基于上海的研究表明，提高人口密度可以促进职住邻近，减少通勤距离。金(Jin)的研究指出，更高的职住平衡、社区内更多的零售和服务业就业岗位以及更高的人口密度能够减少通勤时间和汽车的使用。③

有了上面的基础，反过来就引起了我们在政策上的一个思考。很多人都以为把城市人口进行疏解，特别是从市中心向郊外的疏解，可以缓解交通拥堵。其实这是一个思维和政策制定上的严重误区。

疏解中心城区人口的理论依据最早可追溯到 1898 年英国规划学者霍华德提出的“田园城市”规划模型，其核心观点在于解决因人口大量集中造成拥挤、污染等城市病问题。但这种疏解中心城区人口的理论并未考虑到城市的不同发展阶段和产业结构差异。

在一个以服务业为主的大城市，疏解中心城区人口政策会导致居住和消费、就业的空间分离。先来看居住和公共服务的分离。以学校为例，由于公共产品的集中提供机制和学校位置的历史依附

① Jiewei Li, Ming Lu, and Tianyi Lu, “Constructing Compact Cities: Urban Regeneration Costs, Spatial Structure, and the Population—Congestion Relationship,” 工作论文。

② 李杰伟、陆铭:《城市人多添堵？——人口与通勤的实证研究和中美比较》,载《世界经济文汇》2018 年第 6 期,第 1—16 页。

③ 参见孙斌栋、但波:《上海城市建成环境对居民通勤方式选择的影响》,《地理学报》2015 年第 70 卷第 10 期,第 1664—1674 页;Jin J. “The Effects of Labor Market Spatial Structure and the Built Environment on Commuting Behavior: Considering Spatial Effects and Self-Selection,” *Cities*, 2019, 95:102392。

性，大城市的优质教育资源大量集中在市中心。我们的研究发现，北京72%的重点初中分布在西城区、东城区和海淀区，而其中的东城、西城两区人口份额还是在下降的。为此，家长不得不开车长距离接送孩子上学，从而增加了通勤。研究发现，在控制其他因素之后，仅由于寒暑假期间学生不用上学，交通拥堵缓解就达到20%—30%，而拥堵的急剧减少导致PM_{10}浓度显著下降。①因此，强化教育资源的空间均衡配置，而不是疏解人口，才是减少通勤的更好对策。

职住分离是疏解中心城区人口带来的第二个问题。由于集聚经济与通勤成本同时存在，企业和家庭在空间上的选址和竞争形成了居住和就业的空间关系。如果此时通过疏解中心城区人口到郊区，反而可能加剧职住分离。我的团队的研究发现，在北京城市地块更新中，有大约一半的地块在更新之后不再具有居住的功能。同时，又由于大量的地块更新发生在中心城区，实际上，这就减少了中心城区的住宅供应。数据分析发现，地块更新会使周边受到影响的居民通勤距离增加，增幅大约为平均通勤距离的7.3%。换句话说，通过行政力量疏解人口的结果增加了人们的通勤距离。②

还有一些更为具体的疏解人口的政策值得讨论。在当前中国的制度背景之下，在一些超大城市拆除中心城区的违章建筑，加强对于租住地下室的管理，这些主要还是疏解租房的人口。即便执行更为严格的获得公共服务（比如孩子上学）门槛，影响的也主要是租

① Lu M., Sun C., And Zheng S., "Congestion and Pollution Consequences of Driving-To-School Trips: A Case Study in Beijing," Transportation Research Part D: Transport and Environment, 2017, 50:280—291.

② 钱骏杰：《土地的空间结构、职住关系及其影响——城市规划的经济学理论与实证》，复旦大学博士学位论文，2020年。

房人群，而这部分人群从身份上来讲，主要是没有本地常住户籍的外来人口。那么问题来了，疏解这一部分人群真的可以减少拥堵吗？李杰伟和韩立彬的研究回答了上面这个问题。①他们发现，外来人口的平均通勤时间远低于总体常住人口的平均通勤时间。统计结果显示，根据 2010 年和 2011 年两个调查可利用的 208 个城市的数据，总体常住人口的平均通勤时间为 20.27 分钟，但是外来人口的平均通勤时间仅为 12.13 分钟。并且在不同人口规模的城市之间，外来人口通勤时间的差别不大，且小于城市间总体常住人口通勤时间的差别。换句话来说，如果疏解人口的对象是大量租房且通勤距离较短的外来人口，对城市拥堵的缓解根本就作用不大。相反，恰恰是因为外来人口平均通勤时间较短，才导致大城市人口规模增长过程中，平均通勤时间没有过快上升。

进一步的分析发现，外来人口通勤时间较短的原因在于职业和居住两方面。在从事职业方面，有较高比例的外来人口从事经商、商贩、餐饮等商业服务业，这些从业人员通勤时间短，且通勤时间在不同人口规模的城市之间差别不大。在居住类型方面，外来人口中有很高比例的人通过租房或者雇主提供的住房解决居住问题，全部外来人口租房的比例为 70.45%，市辖区外来人口租房比例则高达 72.25%，而全国的平均水平只有 25.77%。

租房群体的通勤时间更短，这也提醒我们，倒是大力发展城市的租房市场，特别是长租公寓，可以降低变更居住地的成本，从而让更多的城市居民通过租房子，灵活地调整自己的居住地和就业地之间的关系。特别是对于需要频繁更换工作的群体，换工作本身就是

---

① 李杰伟、韩立彬：《控制人口能缓解城市通勤问题吗——基于人群异质性通勤模式的比较分析》，《学术月刊》2020 年第 2 期，第 58—67 页。

改善收入和生活质量的手段。而租房市场的灵活性，能够使得他们在居住地的选择上不至于被僵化地锁定。

结　　语

党的十八届五中全会指出，要加强空间治理体系建设，推进国家治理体系和治理能力现代化。十九届四中全会进一步指出，要立足超大城市发展实际，把握城市治理的基本规律，坚持以人为本，不断提高社会主义现代化国际大都市治理能力和治理水平。

城市既要高效也要宜居，两者缺一不可，但如何实现双赢，对于城市管理者和市民来说的确是很大的挑战。我想通过这篇文章讲一个朴素的道理。城市是用来生产和生活的，城市的空间结构也是服务于生产和生活的。每一个城市里的居民，既是生产者也是消费者。大量就业机会和更多、更好、更多样的服务集中在中心城区，而工作和消费服务的行为产生了通勤的需要，这是中心城区人口密度高且更拥堵的机理。

如果简单地把人口的居住地搬离中心城区，却有可能事实上拉长了居民去工作和消费服务业的距离，那么结果有可能是造成更严重的拥堵。就算是真的通过疏解人口减少了通勤和拥堵的程度，也不要太高兴，因为这可能只是因为上班或者出门消费的成本太高，居民就放弃了一部分就业和消费，减少了出行，甚至因为出行成本太高而离开这座城市。这时街道的通畅来了，但城市的活力却走了。

[原载《人民论坛》第 7 期（下）]

数字技术对服务业就业的影响

——关于创造与毁灭、效率与公平的讨论

赵昱名* 黄少卿

以云计算、大数据、移动互联网、人工智能等为代表的新一代数字技术正在经济社会的各个领域进行深度渗透，成为全球新一轮技术革命和产业革命的核心，加速改变着社会生产力和生产关系。10年前，全人类仅有15%的居民能够连上互联网，如今该比例已经超过40%。企业经营不再受“位置属性”的限制，不同大洲的员工可以通过视频在同一间虚拟会议室开会，医生能为数千公里外的病人进行精细的外科手术，数字技术对各个行业的再造，使得劳动者的工作维度和工作方式不断增加与延伸。

然而，技术进步通常也意味着原有生产体系的破坏与就业岗位的“毁灭”，纵观人类发展史，每一次技术进步对就业的影响都会带来大众焦虑和学术关注。譬如，马克思在《资本论》中有一个非常著名的阐述。他认为，资本主义生产方式的一个特点是资本的有机构成不断提高，即作为资本的机器在生产中的作用不断地被强化，从而导致机器对劳动者就业岗位的不断替代，劳动者的作用越来越

---

* 赵昱名，上海交通大学安泰经济与管理学院硕士研究生。

弱。资本有机构成不断提高的结果便是资本在整个产出中分配的份额越来越多，而工人分配的份额会越来越少。随着劳动者的分配比例下降，再加上工作机会的减少，就可能导致收入分配的不平等和社会阶层的两极分化，特别是无产阶级的绝对贫困化，最终引起社会革命。

回顾过去两百多年来工业革命的真实历史，我们会发现马克思所描绘的场景并没有出现。总体上，劳动者的收入份额在总产出中相对稳定，这也是经济学上被称为“卡多尔典型事实”的一部分。必须承认的是，劳动本身在发生着质的变化。原本应该是手工的工作，在新技术下变为操纵机械来完成，原本操纵机械的工作变为通过计算机编程而自动化。显然，新技术只替代了部分职业而非全部，并且在此基础上又创造出新的就业岗位。正如有学者所指出的，新技术并不仅仅是通过“替代效应”(displacement effect)而毁灭就业的黑手，它同时也会通过“还原效应”(reinstatement effect)和“生产力效应”(productivity effect)的合力而生成新就业岗位，而新技术对就业的总影响取决于上述三种效应的加总。①

那么，在方兴未艾的数字技术革命中，数字设备资本替代劳动者的理论预言是否会成为现实呢？数字技术未来是以毁灭就业岗位为主还是以创造就业岗位为主，以及，就业岗位的创造和毁灭将分别发生在哪些部门，以什么形式发生，又将带来何种社会福利后果？基于现代经济学理论，本文试图对这些问题给出若干初步的思考。不同于以往的讨论，一方面，本文试图从两个互补性关系(数字技术资本和高技能者之间；高技能者和低技能者之间)来探讨数字

---

① 参见 Acemoglu，Daron，and Pascual Restrepo，“Automation and New Tasks：How Technology Displaces and Reinstates Labor”. *Journal of Economic Perspectives*，Vol.33，pp.3—30。

技术对服务业就业的总体影响；另一方面，本文试图从数字技术催生的新就业形态上来理解其社会福利后果，认为其在提高社会总福利水平的同时可能产生不利于低技能者的再分配效应，尤其是在数字技术被广泛采用的初期。因此，政府有必要促进创业和就业，完善劳动立法和执法，以及实施恰当的再分配政策。

数字技术同时催生生产性服务业和生活性服务就业机会

为什么马克思关于机器替代劳动的严谨理论推导并没有成为现实？主要原因是技术影响就业的机制非常复杂，通常而言，低附加值的重复性工作被机器替代的同时，更多的机器也会派生出更多对高技能劳动者的互补性需求。随着资本存量的不断上升，高技术劳动力需求也会不断增加。要判明技术进步对就业的“创造”与“毁灭”两种相反力量孰大孰小，需要更加深入的理论和经验分析。而且，从经济学理论来看，技术在经济中的采用不但取决于技术可行性的改进，而且更受制于技术应用的经济可行性。譬如，替代劳动的自动化技术会提高生产率，导致某个部门的产出上升和价格下降，但受制于对该部门产品的需求价格弹性，该部门的产值在整个经济中的占比反而下降，该部门在经济中的重要性也随之降低。因此，在一定阶段内，各经济部门自动化技术的采用会中止在某一个水平而不会无限推进。自然，物质资本设备对劳动者的替代也不是无休止的。显然，数字技术对就业岗位的影响将同样遵循这些基本经济规律。

20世纪中叶以来，世界各国普遍存在劳动力从制造业向服务业转移的客观事实。总体上，配第—克拉克定律（Petty-Clark's Law）对产业结构变动趋势的刻画目前仍然有效。1968年，富克斯

(Fuchs)在其出版的《服务经济》(*The Service Economy*)一书中,把起源于美国,随后在其他发达国家普遍发生的就业从制造业向服务业的转移称为是“革命性”的。到 20 世纪 90 年代,几乎所有发达国家的服务业就业比重都超过 50%而成为服务型经济体。如果我们考察 2000 年以来数字技术快速渗透对这一趋势的影响时,不难发现,一些主要欧美国家的服务业占比纷纷又经历了一波快速提升,在 2010 年左右达到 70%,个别甚至超过 80%(参见图 1)。考虑到服务业相对于制造业更加具有劳动密集型特征,这一变化必将伴随着就业结构更加显著地向服务业倾斜。

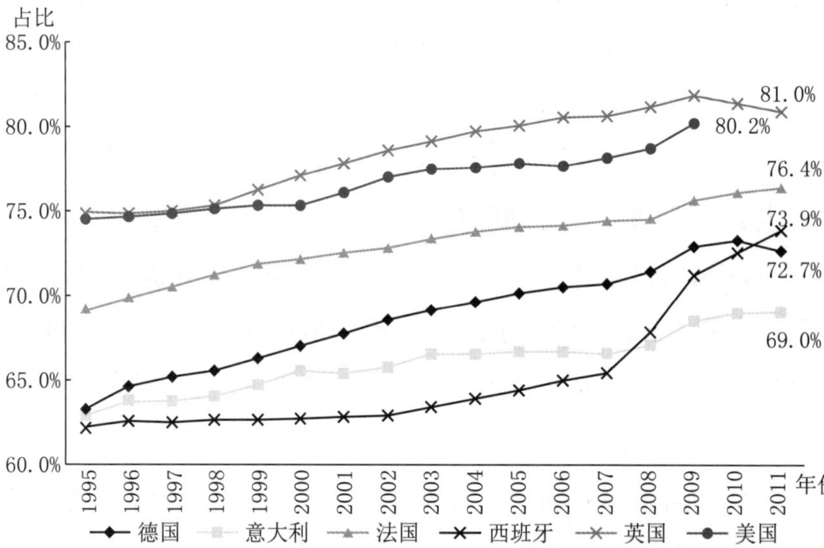

资料来源:Berardino & Onesti (2018)。①

图 1 欧美主要国家服务业产值占比的变动趋势

服务业产值和就业占比大幅度提升,实质是技术进步所带来的制造业重塑以及制造业和生产性服务业之间关系的重大变化。20

---

① Berardino, D. C., G. Onesti, “The two-way integration between manufacturing and services”. *Service Industries Journal*, 2020, 40(5—6):1—21.

世纪80年代以来，随着世界大部分国家，尤其是发达国家人均收入水平的急剧提高，人们的消费观念和消费模式从大众化向个性化转变。这一转变推动制造业生产模式从大规模标准生产向大规模定制的调整。由此，制造业的柔性化、数字化和自动化日益普及。在此背景下，如何提升制造业乃至整个经济的生产率变成为一个严峻挑战。产业界解决这一问题的主要方式，就是不断地发展独立于制造业之外但又作为中间投入而服务于制造业的生产性服务业，包括研究与开发(R&D)、大数据收集分析、营销与市场调查、金融与财务、教育与培训、计算机软件与服务、租赁与商业，等等。这些生产性服务业，利用的主要是社会积累的知识资产和数字资产，通过人的脑力劳动这种智慧性劳动产生的成果，作为中间投入确保生产最终产品的制造业部门保持高附加值率和高效率(参见图2，从1995年到2011年，服务作为中间投入占比在主要欧美国家都出现了明显提高)。

表1　主要欧美国家中间品使用的经济占比及其构成的变化，1995—2011年　　单位：%

		中间品使用份额	中间品使用构成			
			农业	制造业	建筑业	服务业
德　国	1995	34.9	0.9	16.2	2.8	14.9
	2011	37.0	0.7	16.1	1.9	18.2
意大利	1995	39.2	1.1	19.0	3.0	15.9
	2011	39.0	0.8	14.8	2.8	20.5
法　国	1995	36.8	1.8	14.5	3.2	17.3
	2011	35.2	1.3	12.7	3.0	18.2
西班牙	1995	40.5	1.7	18.5	5.6	14.7
	2011	37.3	0.9	13.9	5.1	17.4
英　国	1995	36.3	1.3	11.6	3.4	20.1
	2011	36.6	0.7	9.0	2.9	24.0
美　国	1995	36.4	1.2	12.9	2.6	19.7
	2009	32.0	0.9	8.4	2.0	20.7

资料来源：WIOD数据库，转引自Berardino & Onesti (2018)。①

① Berardino, D. C., G. Onesti, "The two-way integration between manufacturing and services". *Service Industries Journal*, 2020, 40(5—6):1—21.

上述制造业和生产性服务业的内在关系，意味着从事生产性服务业的高技能劳动者和制造业数字化的机器设备资本之间存在高度的互补性关系。所以，尽管制造业的数字化和自动化导致对流水线的作业工人，以及从事现场管理、运输与搬运、配料与清扫等工种的蓝领工人的需求大幅减少，但是，从事生产性服务业的白领和金领雇员的需求显然得到显著增加，并且，其薪资亦会因为高额的技能贴水而大幅提高。

由于高技能者倾向于将时间配置到专业技能领域以获取更高的技术溢价，因此将生活性服务活动或生产性的辅助服务交由低技能者完成，并给自己保留更多闲暇时间。随着高技能者人数的不断增加及其收入的持续提高，诸如家政、文秘、休闲、保健、娱乐、餐饮、出行等低技能服务的岗位需求就将不断衍生出来。这些生活性服务和生产性辅助工作往往涉及"只可意会、不可言传"的会意性交流，并不总是可以由机器来承担。这就带来本文强调的第二个互补型关系：从事高端生产性服务业的高技能者和从事生活性服务业及低端生产性服务业的低技能者也存在分工上的互补关系。由此衍生的一个经济现象是，被机器设备等物质资本取代的低端制造业岗位将以低端的生活性服务业岗位的方式被还原回来。加总意义上，低技能工作岗位在整个经济活动中的就业占比未必会减少，甚至还会持续增加——考虑到生活性服务业的劳动生产率提高得更慢这一事实。

鲍默尔（W. Baumol）一度将服务业定义为生产率"停滞部门"，"停滞部门"单位产出使用的劳动力不能削减，如理发、餐饮等。然而，近年来服务业的劳动生产率无论是生产性还是生活性均在上升，使用工具的便利与信息获得成本的降低为服务业的整体发展提供增益。但是，两类服务业运用工具及信息方式上的不同导致数字技术对两者的作用并不一致。在数字技术带来的生产率改进下，生活性服务业很可能将以一种专业化分工的方式来提供更为高效的服务。如外卖平台的到来使得餐厅能够同时在线上与线下进行出餐，平台将根据用户的口味和点餐习惯自动为餐厅匹配顾客，餐厅因此能够节省大量宣传及获客的费用而专注于出餐，从而形成更高效的资源配置。这种"服务业的服务外包"模式将在大部分服务行业应用，由数字平台充当中间提高配置效率的媒介，从而使生活性服务业某些工种的技能需求越来越单一化和低端化。

总之，无论是"制造业的服务外包"还是"服务业的服务外包"，在数字技术的加持下，服务外包形成的生产性服务业作为中间投入在制造业和服务业中大量运用，具有得到普适性应用的可能。这既会增加对高技术人才的需求，并且可能在不断的技术迭代过程中抛弃原有的技术，减少在原有技术层面的服务岗位。因此，数字技术的进步最终使得生产性服务业形成不断高端化发展的趋势。必须看到的是，受数字技术影响形成的生产性服务业的高端化和生活性服务业的低端化这两大趋势，尤其是，大量原来制造业领域的劳动力被迫转移到对技能要求越来越低的生活性服务业领域就业之后，长期必然带来服务业收入分配的两极分化现象，这是未来需要加以重视并设法缓解的经济社会问题，对此本文后面会进一步讨论。

数字技术提高社会总福利水平，亦形成新的社会收入分配不公

数字技术对服务业的另一重要影响表现为服务业就业形态的调整上。当前，数字技术正在不断催生大量新兴的商业模式。过

去，淘宝、亚马逊等电商零售平台打破距离限制，实现物品的远距离传输，而如今共享用工、零工经济的普遍化，则突破了人的就业场景范围，在很大程度上改变了服务业就业形态。从社会福利角度看，数字技术通过影响服务就业形态，既带来了效率提升及社会总福利提高的后果，也挑战了既有劳动法律关系，恶化了服务业从业者劳动力市场地位并降低其工资收入，最终导致加剧社会收入两极分化的后果。

首先，数字技术在服务业部门催生的共享用工和零工经济等新就业形态，正在通过提高劳动力市场灵活性，改善劳动力资源配置效率等方式提升社会总福利水平，并且为经济发展释放新动能。

零工经济正在日益普遍化。学术界关于数字技术对就业影响的共识是，数字技术带来工作来源的远程化、工作安排的灵活化，以及劳动合约的多元化，①这三大趋势直接催生了零工经济。定义上，零工经济指在线平台通过互联网与无数业务组织及个人相连，从而形成跨空间工作委派模式，②由平台撮合供需双方在工作要求、时间和空间等多个维度达成匹配。我们熟知的网约车、外卖闪送、代驾预约服务等均属于零工经济的范畴。全球范围尚未对零工经济有合适的统计，但是，从国内外大型零工平台的劳动签约数据来看，其规模是非常庞大的。譬如，从事儿童保育、宠物看护和家政服务的中间商 Care.com 的劳动雇用量高达数百万。麦肯锡在其

---

① Aubert-Tarby, C., O. R. Escobar, T. Rayna. "The Impact of Technological Change on Employment: The Case of Press Digitisation". *Technology Forecast and Social Change*, 2018, 128:36—45.

② De Stefano Valerio. "The Rise of The 'Just-in-Time Workforce': On-Demand Work, Crowdwork, and Labor Protection in The 'GIG-Economy'", *Comparative Labor Law & Policy Journal*. 2016, 37(3):471—504.

2015 年研究报告中对全球零工经济的劳动者数量增长给出了粗略统计，认为全球零工从业者占劳动总人口的比重已从 2005 年的 10%增长到 2015 年的 16%。

零工经济存在多种增进社会福利的机制。譬如，零工平台通过网络规模经济及远程性产生更多工作岗位，为原本无法获得就业机会的人提供了渠道。再如，它允许努力工作的人根据自身条件与要求，构建最优的工作组合（时间与内容安排），从而可以改善服务生产的效率。进一步，商业模式上，零工经济也拉近了从业者与消费者的距离。过去，商业价值的分配除了生产者与消费者，通常还存在中间商（如经销商）；如今，数字平台促进了从业者与消费者的直接交易而避开中间人，从而降低了交易成本——尽管信息通信技术也促进了某些实物产品商品链的再中介化。①

共享用工与多职业化就业方兴未艾。相比零工经济，共享用工是一种更为独特、新颖的就业与用工模式。共享用工不像是零工经济以短项目、短合同为主要模式，而一般是由工人所在企业灵活匹配就业者与市场用工的需求，在其闲置时将其配给到其他公司的工作岗位上去，从而打破全职工作者“单一企业、单向工作委托”的限制。

共享用工同样可以提升效率和增进从业者福利。对于企业来说，长期合同员工的闲置是成本浪费，但如果仅招聘临时工又会导致招聘培训成本以及员工忠诚度问题。对于相对稳定的业务来说，仅签订短期合同的员工通常违约风险会比长期合同员工要高。而采用共享员工模式，企业将员工“租出去”可减少长期合同员工非必

---

① Beerepoot, N. and B. Lambregts. “Competition in online job marketplaces: towards a global labour market for outsourcing services? ” *Global Networks*, 2014, 15: 236—255.

要的财务支出;对于员工来说,若工作存在闲置期,在该时间段收入会比其他时间降低。因此,共享用工给予员工选择是否被“租”出去从事其他工作的机会,其效用一定不会比没有该项选择时更低。若参与共享用工获得更高收入增加的效用大于休息时间转为工作时间而减少的效用,则员工的总效用是得到增进的。

2020年2月,中国国内新冠肺炎疫情最为严重的时候,餐饮企业云海肴和生鲜冷链企业盒马都遇到了经营难题。前者因为疫情导致营业额巨降,而人工、店面成本不变而持续亏损。后者因居民囤粮需求导致公司订单猛增而存在人手不够的情况。在共享用工模式下,两家公司达成协议,由云海肴向盒马“租”出员工,从而同时解决了两家公司的经营难题。在数字技术的推动下,未来共享用工的应用场景可以跳出公司季节性、突发性需求的范围,必将面向全职工作的个人业务拓展。在不影响本职工作的前提下为其提供多职业化的发展道路,让就业者获得再选择的机会。多职业化就业,这是数字技术为个人职业发展和人力资本价值化所带来的新机遇。

有学者把数字技术带来的新就业形态提炼总结为零工经济、共享用工、创业式就业和自由职业者等4个大类、9个小类(参见表2)。应该说,这还只是对已出现的新就业形态的初步总结,随着人们基于数字技术在就业上的进一步创新,新就业形态必将进一步种类多样化和内涵丰富化。

数字技术催生的服务业新就业形态正在给既有劳动关系和法律规范带来挑战,导致服务业从业者在劳动力市场的谈判地位被削弱,工资和个人福利受到不利影响,从长期来看,这一状况还将加剧社会收入分配的两极分化现象。

数字技术强化了新就业形式下服务业从业者对平台的从属性和依赖性。一方面,工作的位置属性被极大削弱导致工作需求大于

表 2 新就业形态的类别

类别		说明
创业式就业	电商平台就业	线上零售、网店运营
	创新式就业	基于新零售模式下的产品开发与创客孵化
自由职业者	专业型	知识密集型,如自由撰稿人、健身教练、网络 SOHO 等
	服务众包	公司将各类工作碎片化分解并且向个人外包
	社群经济	自媒体、娱乐视听服务等
共享用工	兼职化	凭借兴趣与自身需求在工作周期内从事二次劳动
	多职业化	在多个就业身份、甚至是创业者与就业者之间转换
零工经济	网络平台业务	外卖、网约车等网络线上业务大规模衍生出的劳务岗位
	企业岗位外包	企业将岗位外包,原有人员的劳动关系转换为与个人或机构的劳务或经济合同关系

资料来源:张成钢:《就业发展的未来趋势,新就业形态的概念及影响分析》,载《中国人力资源开发》2019 年第 19 期,第 86—91 页。

供给的竞争动态出现,从而使低成本、低能力的工作者处于不利地位,失去议价能力;另一方面,数字技术催生的新就业形态通常要基于互联网平台公司才能实现,从而带来了从业者对平台的被动性与依赖性。平台公司的作用得到强化后,如何防止其对从业者权利的凌驾甚至侵犯? 事实上这种现象在有的行业的新业态中已经出现了。譬如,不同于传统巡游出租车司机具有业务上的自主性,网约车司机的业务量基本取决于平台基于算法对订单的推送。

近期,关于各平台外卖骑手的工作状态引起社会热议。其核心问题是,由于外卖平台利用算法不断地压缩骑手送达货物的时间并将是否精准送达作为评价奖惩依据。这种管理模式与过去制造业领域流水线作业的工厂所推行过的“泰勒制”模式极为相似。泰勒制因工人的高强度工作状态所引发的“非人道”问题而长期受到各种批评,然而其管理上的有效性却也是被普遍认可的。但是,当前平台算法对外卖骑手造成的问题不仅仅是工作强度的“压榨”,更根本的一点在于,外卖骑手的工作环境并不是流水线作业的厂房内,而是面临各种不确定性的室外空间，这些不确定性不是算法能够加以充分考虑的因素，需要骑手本人基于当时的各种情形进行判断和决策。一旦平台公司剥夺了缺乏谈判能力的骑手在工作过程中的剩余决策权，将迫使他们不得不采取各种对其本人和社会存在危害的驾驶行为。

基于数字平台的新就业形态带来了劳动合同关系在法律界定上的挑战。平台用工正在给劳动合同关系的定义带来难度。莱顿维塔(Lehdonvirta)认为，数字用工平台的一个关键特征是不断试图最小化劳资关系的外部稳定规制成本。①要了解如何最小化稳定劳资关系投入，首先需要确认数字用工平台中劳动关系的内容。最为常见的劳动合同关系有两种，一是正式雇佣(employed)，在这种雇佣模式下，员工需要完成规定时长的工作，企业则需要为雇佣者支付工资、缴纳社会保障金、医保等，同时，企业与雇员也存在责任的连带制度；二是独立承包者(contractors)，公司对于这些承包者来说更像是一个中介商，承包者从公司挑选并完成某项业务，收益分成。过去采用这种劳动合同关系的典型代表是保险公司和其销售人员。在这种模式下，企业没有为这些承包者支付工资的业务，也没有责任共担的机制。经验上看，数字平台的雇员正处于这两者之间。正如前面关于外卖骑手的讨论，员工不需要也不应该完全按照平台的指引，其对工作过程应该有充分的决策权利。但是，目前在责任、业务的选择、完成进度的监控与效果的反馈而决定收益分成的大小等方面，数字平台通常起着“公司”而非“中介”的作用。

不确定的劳动合同关系给了用工平台法律套利空间——即便

① Lehdonvirta V., “Algorithms that divide and unite: delocalization, identity, and collective action in ‘microwork’”. In Flecker J (ed.), *Space, Place and Global Digital Work*. London: Palgrave-Macmillan, 2016, pp.53—80.

平台给予雇员正常的考核并手握议价定责的权力,仍然在章程上将雇员定义为独立承包商。这种非定性的劳动关系促使了部分正规行业向非正规改变,从而规避正规的劳务关系下需要由公司缴纳相应社会保障的财务义务。但是,这些操作将导致平台公司形成对接受规制要求企业的不公平竞争,并最终使社会上更多企业倾向于这种模糊的员工待遇。①

另外,数字用工平台下劳动者的福利待遇难以在合同法中裁定。2016 年,超过 40 万名优步司机对优步平台提起诉讼,要求给予自身员工的身份并要求赔偿劳工法下的最低工资与加班费,虽然该诉讼基本以司机胜诉告终,最终法院判定该情形为正式雇佣的劳动关系,并裁判要求优步公司赔偿。但是,截至目前也尚未对网络平台用工的福利提供法律标准,反而平台公司可以根据供需与市场环境随意更改收益分成,从而将更多的经济风险负担转移给工人。②并且,除工资外,平台工也无法享受像正式雇员一样的社会保障金、补充医保与退休金。

数字技术对上述劳动法律关系带来的挑战,给新就业形态的服务业从业者强加了不利后果。这个后果表现为从业者与平台发包者的谈判地位出现严重不对等,从业者不得不长期面临工资水平受到压制的状况。根据前面的分析,数字技术能够提升经济效率和增进社会总福利水平。然而,从分配上看,总福利水平的增加部分主要由数字平台的所有者所攫取,而服务业从业者则只能获得数字红利的较少部分,甚至由于工资无法上涨而完全享受不到。由此,他

---

① Cherry M. A., A. Aloisi. "'Dependent Contractors' in the Gig Economy: A Comparative Approach". *American University Law Review*, 2017, 66(3):635—690.

② Friedman, Gerald. "Workers without employers: shadow corporations and the rise of the gig economy". *Review of Keynesian Economics*, 2014, 2(2):171—188.

们在国民收入分配结构中所占比重日趋降低,社会收入两极分化现象不断严重化。尤其要注意的是,在数字技术被社会广泛采用的初期,其毁灭制造业低端岗位的替代效应相对较大,而创造低端生产性和生活性服务业就业岗位的还原效应相对较小,这种收入和福利分配的不公平现象将显得更为严重,所引起的不利社会后果更需要通过政府政策来加以舒缓。

如何应对数字技术对服务业就业带来的机遇与挑战

2020年初发生新冠肺炎疫情以来,受到政府实施的人员流动管控影响,国内许多加工制造业企业在春节后由于工人无法及时到岗,普遍出现了复工复产难现象。从降低政策不确定性带来的经营风险、确保生产经营稳定性的角度出发,不少制造业企业纷纷加速对自动化技术的采用步伐,从而加大了数字设备在制造业领域的替代效应,导致更多制造业岗位的丧失。疫情缓解后,不少劳动者将不得不从制造业部门流出,转而设法在服务业部门寻求新的就业机会。这一方面为新就业形态创造了更大的用武之地,但另一方面,当数字技术在服务业部门创造就业岗位的还原效应并未得到明显提升之前,从制造业部门流出的劳动力必将给低端服务业部门的就业带来更大的压力,并由此进一步恶化服务业数字平台和从业者之间不对等的谈判关系,从而给中国未来的收入分配格局投下加快两极分化的阴影。

基于上述学理分析,为了更好地利用数字技术对中国服务业就业带来的潜在机遇,并且缓解乃至克服其可能产生的问题,政府应该考虑采取以下方面的对策建议。

第一,鼓励服务业的多模式多业态就业,增强数字技术在服务业部门的就业还原效应，缓解数字技术对总就业的冲击。①在数字技术革命还在加快的背景下，短期内，其对制造业就业的消灭作用可能会比服务业就业的创造作用更大，从而导致总就业量下降。另外，新冠肺炎疫情的暴发导致制造业部门从事低附加值工作的劳动者将面临更大的失业可能。为防止出现大规模的失业和民生问题，政府应充分利用数字技术带动的零工经济、共享用工等服务业就业新形态，为弱势的低技术人群提供更大的就业保障。

美国发展零工经济的过程也值得我国借鉴。美国 1970—1980 年的零工经济就业份额占比开始增加，这种就业偏好的转变与当时的大环境相关：修订劳动法，经济增速放缓，失业率上升。在经济下行时，企业担心经济波动的影响导致裁员时引起的法律成本，因此更多地采用临时工。②2000 年后，随着互联网繁荣的破灭，高失业率和工资增长的进一步放缓拉大了美国内部劳动力市场和外部零工市场的劳动力雇佣成本差距，工人失去议价能力，促进了零工经济的爆发，③导致出现“千禧一代”零工收入占比的大幅提升（参见图 2）。零工经济尽管是美国经济衰退的产物，但在很大程度上补充了美国就业不足，避免了其经济“硬着陆”。在中国经济增速当下

---

① 按照阿西莫格鲁等人的建议，为了提升技术对就业的促进作用，政府应该鼓励使用正确的而不是错误的人工智能（AI）等数字技术。所谓错误的 AI 技术，他们认为是过度强调自动化的 AI 技术，而正确的 AI 技术则是可以更好地和教育、医疗相结合以及增强现实的技术。参见达龙·阿西莫格鲁、帕斯卡尔·雷斯特雷珀：“错误的人工智能？人工智能与未来劳动力需求”，载吴敬琏主编：《比较》2019 年第 3 辑。

② Stone, Katherine V.W. “Dismissal Law in the United States: The Past and Present of At-Will Employment”. SSRN Scholarly Paper, ID 1342667, 2009.

③ Dube, Arindrajit and Ethan Kaplan. “Does Outsourcing Reduce Wages in the Low Wage Service Occupations: Evidence from Janitors and Guards”. *Industrial and Labor Relations Review*, 2010, 63(2): 287—306.

放缓之际，不仅要抓高端服务业人才保证技术进步，也应为大量低收入人群的就业问题而考虑发展生活性服务业，加大数字技术投入，联动更多有就业保障的社会总需求。

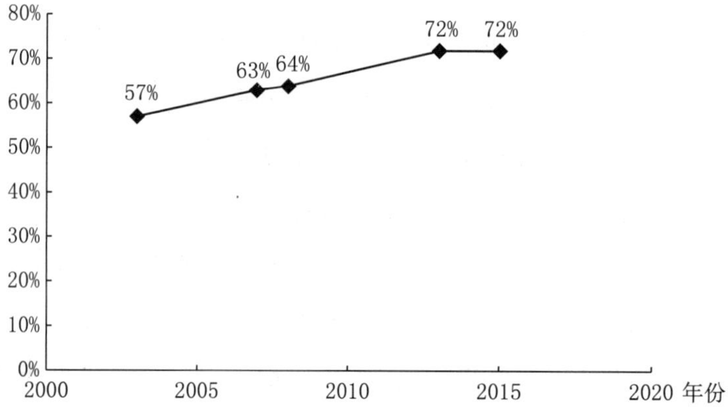

资料来源：Deloitte Insights, Decoding millennials in the gig economy。

图 2 美国"千禧一代"零工收入占比

第二，改善教育和培训、鼓励创业，实施必要的收入再分配政策、减轻数字技术的收入两极分化效应。随着数字技术的进步，高端服务业的从业要求越高，低端服务业的从业要求越低，由此，不同技术水平的群体之间技能溢价将会扩大，从而导致收入差距拉大。因此，数字技术的收入两极分化效应将通过就业结构体现出来。根据相关调查，中国的零工经济存在明显的低学历化现象，县域零工经济从业者中初中以下学历者占比超过 70%（参见图 3）。政府部门要密切关注收入差距持续扩大可能带来的社会不稳定和阶层矛盾等问题，并避免出现社会矛盾激化趋势，否则，难免要影响经济政策的稳定和经济长远发展。

具体而言，政府可以从教育培养、创业引导、财税工具等方面出台措施。教育方面，政府可考虑增加高等教育在高科技领域的投入，增加对社会机构从业人员相关技术的培训，让更多人成为高技能者，而不是从事简单重复劳动的人。考虑到创造性思维能力、大框架模式识别和复杂性沟通在认知领域仍然是人类比机器拥有的优势，①因此，改革教育模式，突出培养创造性思维和框架性思维将变得更为重要。创业方面，日前我国政府已经发文鼓励科研事业单位科研人员在职创业，从而将国内科研院所的大量科研人员推入市场。这不仅将增强市场的技术竞争强度，也将随着新兴创业公司的设立而不断增添就业岗位，激发国民对高技术的学习兴趣。财税方面，政府可以使用税收工具来进行收入二次分配，减缓因为技术溢价拉大带来的收入差距两极分化。

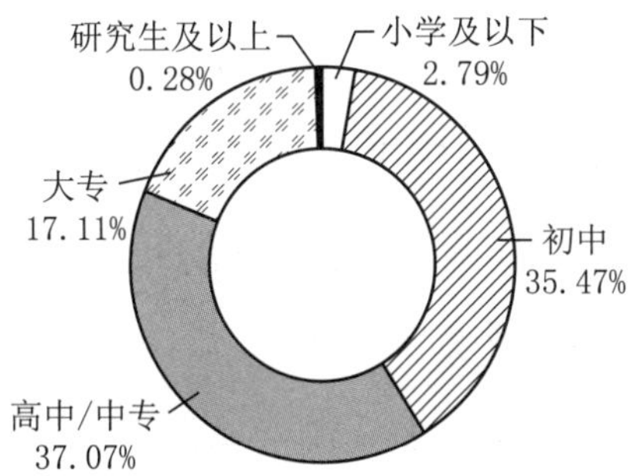

资料来源：58同镇、清华大学社会科学学院县域治理研究中心：《2019中国县域零工经济调查报告》。

图3 我国县域居民零工从业者学历分布

第三，加快劳动合同法的相关修订，改善服务业就业执法。从国外对平台公司的诉讼案件来看，数字技术下劳动合同关系的核心矛盾在于确定平台与从业者的雇佣关系。本文认为，可考虑将平台用工纳入正式雇佣范畴，但也要对平台从业者这一特殊工种做出界定。尽管数字平台从业者有自主选择业务的能力，但是平台对从业

① 埃里克·布莱恩约弗森、安德鲁·麦卡菲：《第二次机器革命：数字化技术将如何改变我们的经济与社会》，蒋永军译，中信出版社2016年版。

者的业务过程拥有更大的操控力。例如,外卖员、网约车都有 GPS 随时对其定位,能够统计时间也能观测其是否有延迟、误工现象。App 还可监测每次服务后顾客的服务质量反馈,本质上与正式雇员并无二致。在法律层面,可对零工的有效工作时间作出规定,只要有效时间达标都应归于正式雇佣关系。此外,劳动合同法修订对于零工的调整和基本权责事项的变更应持更谨慎态度。若降低对零工从业者的最低工资保护,则可能会恶化阶层矛盾;若降低工商赔偿,可能会增加从业者的主观道德风险;若给予从业者太少权利,可能出现平台声称雇员是独立承包者关系从而降低刑事成本。

如何处理新就业形态下从业者与平台公司之间由于地位不对等而可能产生的业务分配歧视,甚至收入分配不公平问题?一个重要的条件就是,要确保同一行业中多平台的竞争性,并且允许从业者可以归属多个平台。如果零工经济的每个应用场景下均有数个数字平台运营,那么,按照寡头垄断模型,当消费者与服务提供者使用平台的个数越多,供给侧的闲置率就越低,平台间的充分市场竞争不但会使得对消费者的服务成本降至最低,而且也极大地遏制了平台对从业者滥用垄断地位。①

最后,服务业发展需要一个更加完善的法治环境,各级政府应该加快完善法治化营商环境。服务品是无形的且非同质化的,很难有一个事先的对服务品好坏的公认标准;而且,事后要对服务的品质进行评价,同样存在交易双方的认知差异以及第三方验证上的困难。因此,人们往往把服务品归属于信任品范畴,即需要签订各种复杂合约,并依靠有效的合约实施机制建立起交易双方的信任关

① Bryan, K.A., J.S. Gans. "A theory of multihoming in rideshare competition". *Journal of Economics & Management Strategy*, 2019, 28(1):89—96.

系。换言之,服务业属于典型的“合约密集型行业”。另外,服务业的投入和产出往往包括大量无形的知识产品,包括技术、创意和理念,它们无需空间位置的转移就可以被他人所窃取。在服务的提供和使用过程中,知识产权保护制度对服务业发展显得格外重要。笔者最近的经验研究也证明,中国法治环境越好的城市其服务业发展也更充分。总之,未来要大力发展生产性服务业或生活性服务业,提升数字技术的就业创造能力,提高中国经济的总体效率与活力,离开良好的法治环境将是难以想象的。

(原载《探索与争鸣》2020 年第 11 期)

监狱中的群体内偏差

郭士祺*

大量研究表明，人们更愿意帮助身份相似的人，这种“身份认同”“群体内偏差”现象对公共治理、企业管理等具有重要意义。然而，鲜有文章探讨具有负面身份或被污点化的群体中是否依然存在群体内偏差。从罪犯到少数族裔，被污点化的群体在人类历史与当代社会中都不容忽视，他们的偏好和行为模式与普通民众有何不同?

郭士祺与合作者通过在监狱中引入慈善捐款的田野实验，研究服刑人员中的群体内偏差。实验中，作者按照服刑人员在劳改中从事生产劳动的产量的一定比例，向不同受益人捐助。捐款完全出自研究者，不影响犯人自身收益。因此，犯人在实验中的产量变化体现了其帮助意愿；增值越大，说明其帮助受益人的意愿越强。实验设计过程中，作者了解到某犯人 A 的女儿不幸患白血病，急需治疗。基于该事实，作者利用监狱内不同监区完全隔离的特征，进行了如下设计：实验组 1 中受益人为 A 的女儿，被试为 A 所在监区的两百多名犯人；实验组 2 的受益人仍是 A 的女儿，被试为另一相似

* 郭士祺，上海交通大学安泰经济与管理学院助理教授。

监区的犯人。因此，组 1 的被试与受益人(父亲)有共同的群体身份(服刑人员)，且在生活中存在互动；组 2 的被试与受益人是陌生人，但具有共同群体身份。此外的另一同质监区为实验组 3，其受益人为某慈善基金会公布的另一名患有白血病的女童，她与监狱犯人毫无关联。在为期一周的实验中，作者以服刑人员的名义向受益人捐出两万余元善款。作者发现，三组产量均有显著提高：组 3 产量的提高说明犯人具有亲社会偏好；组 1、2 的提高大于组 3，说明犯人中存在群体内偏爱。此外，已服刑更久的犯人，由于长期面临与其他犯人的竞争，在实验中对犯人受益者的帮助意愿相对更低，而对陌生公众的帮助意愿不受影响，体现了社会互动对群体内偏差形成的作用；组织内部竞争过于剧烈的“内卷化”对成员间的互助与合作可能存在负面影响。

(英文原文信息：

Guo, Shiqi; Liang, Pinghan; Xiao, Erte. In-group Bias in Prisons. *Games and Economic Behavior*, 122: 328—340, JUL 2020.)

中国高考录取机制改革对学生志愿填报策略和录取结果的影响

江　明*

2020 年 11 月 24 日，上海交通大学安泰经济与管理学院江明副教授与密歇根大学陈岩教授、悉尼大学奥努尔·凯斯滕（Onur Kesten）教授合作在国际顶尖综合性期刊《美国科学院院刊》（PNAS）上发表了题为“An Empirical Evaluation of Chinese College Admissions Reforms Through A Natural Experiment”的论文，旨在研究中国高考录取机制改革对学生志愿填报策略和录取结果的影响。江明副教授为本文的通讯作者。

高校招生每年都影响着全球数百万学生的教育和就业，如何切实有效地推进高考录取机制改革一直以来受到学术界和政策制定者的激烈争论。文章采用中国某县 2008 年和 2009 年的高考招生数据（匿名），通过对自然实验的实证分析，对顺序志愿和平行志愿这两种高考志愿填报和录取机制进行了评估。

研究主要应用了双重差分法（difference-in-differences）进行分析：学生参加高考的年份由出生时间随机决定，经检验，在不同年份

* 江明，上海交通大学安泰经济与管理学院副教授。

间学生的人口特征分布是类似的；且该县录取机制改革只针对第一批本科高校，而第二批和第三批保持不变，故可将不同年份中不同类型高校的学生录取数据进行对比。

论文的研究结果发现，平行志愿机制降低了学生志愿填报的风险。与顺序志愿机制相比，学生认为平行志愿机制为优先志愿被拒提供了退路，因此他们一方面更倾向于在第一志愿上奋力一搏，尝试申请更好的学校；另一方面也会在志愿上填报更多的学校，以便为自己提供充足的保障。平行志愿机制减轻了志愿填报失误带来的恶果，使得考生更愿意遵循个人意愿申请心仪的学校。尽管考生被第一志愿录取的比例降低，但他与分数线低于其成绩的优先志愿失之交臂的概率也显著降低。此外，论文的分析结论还表明，平行志愿机制提升了高校录取结果的公平性；也就是说，学生的考分高低和录取学校的优劣倒置的情况在平行志愿下更不容易发生。

在前人的研究中，尽管平行志愿机制的优势已在理论层面得到充分证明，但其实证检验大多是在实验室环境下进行的，因此本文的重要贡献之一就是通过更真实的实证数据验证了录取机制设计的理论结果。这篇文章不仅向全世界介绍了中国高考改革的经验，用科学的方法证明了平行志愿机制在全国范围推广的成效，还用自然实验数据检验了关于高校录取机制理论研究的正确性，为后续的研究推进和政策制定提供了实证基础。

（英文原文信息：

Yan Chen, Ming Jiang and Onur Kesten, An empirical evaluation of Chinese college admissions reforms through a natural experiment, *PNAS*, December 15, 2020, 117(50), 31696—31705; first published November 24, 2020.）

安泰问政

制定缩小收入差距的政策　注意遵循经济规律

钱军辉*

“共同富裕”是个美丽的长期目标。为什么是长期目标？因为现实距离该目标还很远。中国刚刚达到中等收入国家水平，平均生活水平还谈不上富裕。而“共同富裕”不仅高于中等收入国家水平，甚至还高于一般的高收入国家水平，因为它不仅要求平均水平赶上高收入国家，而且还要求不能有很多人掉队。

为实现这个长期目标，可以说发展的任务仍然很重。重视二次分配和三次分配，从而缩小收入差距，应该在确保经济能持续发展的前提下进行，确保中国能超越“中等收入陷阱”，进入高收入国家行列。

经济增长不能急，所以共同富裕也要稳步推进。

当然，缩小收入差距很重要。但是制定缩小收入差距的政策，一定要考虑经济规律，否则就会“好心办坏事”。比如人们的收入大体由劳动力市场供需决定，如果强行提高工资（或社保福利），那么高企的用工成本会导致企业不能承受而退出（或用更多机器人），反而会让劳动力供过于求，低收入人群的收入水平反而可能下降。

---

* 钱军辉，上海交通大学安泰经济与管理学院教授。

再比如，如果中国单方面出台遗产税，就会导致资本外逃，不仅无助于提高劳动者收入，还会影响经济增长的大局。考虑到资本的跨国流动性，对资本的税收一定要寻求国际协作。

政府在现阶段应该做的，是纠正那些导致收入差距的不合理政策。比如政府应该扫除劳动力市场户籍壁垒，让低收入人群能平等地竞争大城市的工作岗位。这样做能让劳动力市场运行得更好，从而促进经济增长，同时提高低收入人群的收入，缩小收入差距。

政府也可以通过公共产品供应来缩小收入差距。美丽的城市小公园、快捷便宜的公共交通、优质的幼托和公办教育等等，能让人们直接获得享受和便利，或者降低焦虑，因此也是一种增加人们幸福感的收入。而且这种收入天生贫富无欺，穷人和富人同样享受。那么扩大公共产品供应、提高公共产品质量，就能实质性地缩小收入差距。

在众多公共产品中，优质的公办教育尤其重要。一方面，优质充足的教育资源有助于人力资本的投资和积累，从而有助于持续经济增长。另一方面，优质且廉价的公办教育能让下一代所受教育的质量差距缩小，而教育质量差距缩小能带来未来收入差距缩小。

在这点上，中国的现实状况并不乐观。在基础教育方面，因为户籍限制，众多儿童不能在父母工作所在地入学，成为农村“留守儿童”。而农村的中小学教育质量和大城市无法相比，加上父母角色缺失对儿童成长的影响，会导致未来更加严重的收入差距。

即使在城市里，公办教育质量也参差不齐，否则也就没有学区房的炒作空间了。当然，这点已经受到政府关注，比如北京正在出台有力措施进行纠正。希望北京能闯出一条新路，成为其他城市效仿的榜样。

为让教育机会更加均等和充足，我们也应该延长义务教育到高中阶段。同时加大对高校的投入，尤其是一般本科院校。中国家庭愿意为孩子的高等教育花钱，但这要求政府全面提高高等教育水平，不能只建设头部几所高校。目标应该是让大多数高中生不需要出国留学，就能受到优质的大学教育。

无论在中国还是在国外，大学教育给年轻人的回报都是非常可观的。未来人工智能广泛应用，机器人广泛取代人力，很可能导致大学教育回报更高，导致大学毕业生和中等教育毕业生之间的收入差距更大。而扩大高等教育覆盖面，则能让未来的体力劳动者相对稀缺，从而也提高他们的收入，缩小劳心者和劳力者收入差距。

当然，包括教育在内的公共产品，都依赖中央和地方政府的税收收入。而税收收入一方面取决于税制和税率，另一方面也取决于经济蛋糕有多大。所谓“对富人加税”，应当慎重。政府应提高税法的公平性，打击逃税漏税，关闭避税机会，从而获得更多税收。但不能运动式地随意针对富人加税，从而伤害投资信心，影响国家经济基本面和政府长期税收能力。

其实缩小收入差距对富人也有好处。一方面，因为穷人边际消费倾向较高，所以当他们收入提高后，公司产品会更好卖，公司利润会更高。另一方面，收入差距小的社会更加稳定和谐，会给生活在其中的富人更多安全感。因此增加税收以支付更高质量的公共产品，完全可能得到包括富人在内的所有人支持。但前提要在法治框架下，通过民主协商，获得社会各阶层的认可。

如果有社会共识的支持，同时尊重经济规律，在经济持续发展中逐渐缩小收入差距，那么最终实现共同富裕将不是梦。

（原载澎湃新闻 2021 年 8 月 25 日）

都市圈究竟有多重要?

陈　宪

无论在国际上,还是在我国,都市圈都不是一个新鲜的概念。Metro Areas 或 Metropolis,都可以用来指都市圈,前者译为都市地区,更确切些;后者通常译为大都会。在我供职的上海交通大学,十几年前就成立了都市圈的研究机构。

不过,第一次将发展现代化都市圈写入中央政府的文件,是在 2019 年 2 月 19 日,国家发展和改革委员会下发《培育发展现代化都市圈的指导意见》。文件回答了何谓城市群(Urban Agglomeration)、何谓都市圈的问题。"城市群是新型城镇化主体形态,是支撑全国经济增长、促进区域协调发展、参与国际竞争合作的重要平台。都市圈是城市群内部以超大特大城市或辐射带动功能强的大城市为中心、以 1 小时通勤圈为基本范围的城镇化空间形态。"可见,都市圈存在于城市群之中,它们是区域集群的具体形态,是空间布局国家战略的承担者。

首先,在一国经济中,尤其在大国经济中,都市圈有着举足轻重的地位。

在美国,24 个都市圈创造了美国 50%的 GDP,共 10.3 万亿美元。美国最大的都市圈纽约,2018 年的 GDP 为 1.77 万亿美元,超过了加拿大整个国家的GDP 1.71万亿美元。加拿大如果想达到纽约的水平，需要2 040万个劳动力，而纽约的劳动力规模约1 000万。美国经济体量第二的都市圈洛杉矶，2018年的GDP为1.05万亿美元，超过了全球第16大经济体印度尼西亚的1.04万亿美元。印尼的劳动力人口约1.33亿，是洛杉矶680万劳动力人口的20倍。排名第3的是芝加哥都市圈，2018年的GDP为6 890亿美元，仅小于瑞士。可见，都市圈不仅是一国经济总量的主要贡献者，而且，自身都有着较大的经济规模和较强的经济实力。

有研究报告指出，当前，中国有上海、北京、广佛肇、杭州、深莞惠等10个2 000万人口以上的大都市圈，有重庆、青岛、厦漳泉等14个1 000万—2 000万人口的大都市圈。这24个千万级人口的大都市圈以全国6.7%的土地集聚了约33%的常住人口，创造了约54%的GDP，多数都市圈人口处于持续流入态势。2019年，发展潜力百强城市中有54个位于这24个千万级人口的大都市圈。

《粤港澳大湾区发展规划纲要》指出，"发挥香港—深圳、广州—佛山、澳门—珠海强强联合的引领带动作用，深化港深、澳珠合作，加快广佛同城化建设，提升整体实力和全球影响力，引领粤港澳大湾区深度参与国际合作。"这里，提出珠三角三个已经形成的都市圈，即港深、广佛和珠澳都市圈。珠三角其他五个城市，也都在不同程度上融入这三个都市圈，如东莞的南部与深圳紧密联系，北面则与广州密切对接；又如，即将建成的深（圳）中（山）大桥，将使中山的北面加速与深圳一体化，其南部历史上就与珠海、澳门联系紧密。珠三角的三个都市圈，代表着我国都市圈发展的最高水平，它们在全国的人口占比5%强，面积占比不到0.6%，GDP占比却达到12%。

《长江三角洲区域一体化发展规划纲要》直接提出了加快都市

圈一体化发展的安排。文件要求，推动上海与近沪区域及苏锡常都市圈联动发展，构建上海大都市圈。以基础设施一体化和公共服务一卡通为着力点，加快南京、杭州、合肥、苏锡常、宁波都市圈建设，提升都市圈同城化水平。文件还对各都市圈之间分工协同提出了具体要求，如推动杭州都市圈与宁波都市圈的紧密对接和分工合作，实现杭绍甬一体化。长三角 6 个都市圈的规划与建设将进入快车道。目前，长三角城市群中的 6 个都市圈涵盖 27 个城市，占全国人口的 15%左右，面积占 2.3%，GDP 占五分之一强。

其次，都市圈是科技创新和新兴行业的集聚地与策源地。

当下，形成"高质量发展的区域集群"，或"高质量发展的区域经济布局"，正成为空间布局国家战略的重要目标。都市圈是区域集群的具体形态，创新集群则是其核心内容。创新集群的规模和质量决定着产业集群即新兴产业发展的水平，进而决定着区域集群，或者说都市圈的高质量发展。创新有着高度集群的特征，在美国是如此，如旧金山、波士顿；在中国亦是如此，如上海、深圳。从世界范围或一个大国来看，这就是创新区位的问题：是不是在各个地方都可以形成创新集群？答案是否定的。这是因为，创新需要若干必要条件，如人才、资本、基础设施、创新生态，甚至气候，不是每个地方都具备这些条件的。由此衍生的问题是，创新和创新集群能不能培育？答案是肯定的。创新和创新集群是可以也必须培育的。创新集群有两个基本要素：人才和创新生态。人才，早年主要来自移民，现在主要来自大学培养的创业创新人才。所以，创新集群需要好大学和好生态，它们是可以培育的。

创新集群可以培育，但每个创新集群都有着别的地方不能模仿的一些创新要素，或者源于本地的力量。这种力量植根于本地资源中，这是创新地理学，或者新经济地理学的重要认知。不同的创新集群就是要使得这些要素能够在一定的空间生成、集聚，并催生出新技术、新模式、新产品和新服务，乃至新产业和新业态。不能模仿的创新要素，或者源于本地的力量，主要指什么？指创新文化。这也决定了创新具有集群的特征。创新集群和创新生态的检验，除了到底什么地方有创新、什么地方没有创新，进一步的问题是，什么地方有产业、什么地方没有产业，即产业集群。也就是说，创新集群必然带来产业集群。这里的产业主要指战略性新兴产业。战略学家迈克尔·波特在《国家竞争优势》中写道："一个国家能够持续并且提高生产率的关键在于，它是否有资格成为一种先进产业或者重要产业环节的基地。"经济学则强调企业家精神。只要这个地方有企业家，只要这个地方有有利于创新的资源，那么这个地方就可以发展战略性新兴产业。创新集群中一定蕴藏着比其他地方更丰富的企业家精神。

都市圈能否形成创新集群，受制于多个因素。由以上分析可知，比较重要的是三个方面。其一，好的大学。都市圈内有没有能够培养创业创新人才的好大学，决定着创新集群的生成与发展。办好大学，当然要有投入，但体制机制也至关重要。大学有了充分的办学自主权，就能够根据社会需要作出选择，培养出更多更好的创业创新人才。其二，好的生态——创新生态和产业生态。都市圈具有形成良好创新生态和产业生态的要素与条件。生态中的主体是包含新创企业在内的各种公司、创投在内的各种金融机构，以及提供各种服务的主体，包括公共机构。一如自然生态，创新生态和产业生态的优化，核心是各种"链"的形成和完善，如产业链、配套链（产品链）、服务链和社交链等。还有基础设施、营商环境、公共服务等，都是构成好生态的重要条件。其三，有利于创新的观念和精神。观念和精神属于文化的范畴。都市圈的亚文化对于创新集群的重要性是不言而喻的。文化与历史有关，不是每个地方都有源于本地历史的、有利于创新的文化。怎么办？经验表明，可以通过教育、宣传和改革，转变观念和价值观，进而影响和改变人的行为。虽然需要时间，但这是可以做到的。

第三，中国的城市化进入了培育发展现代化都市圈的新时代。

在中国，大规模的城市化是近40年来的事情。在这个进程中，大城市，尤其是特大城市和超大城市做出了重要贡献。与此同时，到底是优先发展大城市，还是重点发展中小城市和小城镇的争论，一直伴随着城市化的过程。2016年，国务院批复国家发改委编制的《长江三角洲城市群发展规划》。2017年，党的十九大报告中的“以城市群为主体构建大中小城市和小城镇协调发展的城镇格局”这句话为这场争论画上了一个句号。同年，李克强总理在政府工作报告中提出“研究制定粤港澳大湾区城市群发展规划”。城市群发展模式进入人们的视野，也成为城市(镇)化的主流形态。

一如《培育发展现代化都市圈的指导意见》所指出的，城市群是新型城镇化的主体形态，都市圈则是城镇化空间形态，一个城市群内存在多个都市圈。目前，在珠三角、长三角两大城市群，已形成近10个都市圈或都市圈的雏形。未来，中国将形成并发展20至30个都市圈，它们将创造全国70%左右的GDP，80%左右的就业；科技创新和新兴产业将是都市圈经济活动的主要内容；利用其区位条件、规模优势，那里的老百姓将享有便利的基础设施、丰富的文化生活和优越的自然环境，民生福祉得以大大提高。

培育发展现代化都市圈，首先，要按照1小时通勤为大致的空间范围，打破行政区的边界进行科学规划，并加快以轨道交通为主体的基础设施建设。从Metro Areas或Metropolis这两个英文单词就不难发现，都市圈的1小时通勤是以轨道交通即地铁的可达性来界定的。一方面，我国各都市圈的地铁建设都在加快推进，另一方面，地铁提速也正在实现，这就意味着基于轨道交通的 1 小时通勤圈正在形成并扩大。在这个范围内做好科学规划和基础设施建设先行，是培育发展现代化都市圈的首要任务。其次，充分利用都市圈的优越条件，以及特有的集聚效应、辐射效应和规模效应，加快创新集群、产业集群，以及与此相关的创业创新生态和产业生态建设，不断提高产业链水平，形成可持续发展的动力源，是培育发展现代化都市圈的关键环节。第三，科学规划、基础设施和产业发展等措施，其最终目的都是为了提高都市圈居民的生活质量。要将各种发展手段与这个最终目的相衔接，以人民群众的宜居性和获得感作为考核培育发展现代化都市圈实际绩效的客观标准，使其与高质量发展的总基调保持一致。

（原载上观新闻 2020 年 1 月 10 日）

“五个新城”建设对上海都市圈意味着什么？

陈　宪

上海“十四五”规划纲要明确提出，加快形成“中心辐射、两翼齐飞、新城发力、南北转型”的空间新格局。其中“新城发力”，指的是打造嘉定、松江、青浦、奉贤和南汇等五个新城，将其建设为长三角城市群中具有辐射带动作用的独立综合性节点城市。“五个新城”建设，其意义不仅在于新城本身，更重要的是，它将做实上海都市圈空间结构。本文将从城市化演化逻辑的视角，跟大家分享一下我在这方面的一些思考。

中心城市、都市圈和城市群有何区别？

回顾城市化进程，从广袤乡村到出现城镇，进而演化为小城市、大城市、中心城市，再到都市圈（亦称都市区）和城市群；从一开始的城乡对立运动，发展到今天，城市化或城乡一体化已渐入佳境。那么，中心城市、都市圈、城市群这些概念之间有何区别呢？

现今，中心城市和都市圈已成为城市化的两个基本形态。在相对发达的地区，都市圈成为城市化的主要形态；在相对次发达的地区，中心城市是城市化的主要形态。譬如，在粤港澳大湾区和长三角中心区，都市圈是城市化的主体；在成渝、长江中游或中原地区，中心城市是城市化的主力军。这是城市化演化进程的一个折射。它们之间的一个重要区别是：都市圈内部要素和产业的关系，以辐射、溢出和分工为主；中心城市和周边地区要素和产业的关系，则是以集聚、吸纳和转移为主。

都市圈和城市群是两个不同的概念，现在经常被学者和媒体混用，这不利于理解城市化或区域一体化的空间结构。2019 年 2 月 19 日，国家发展和改革委员会发布《培育发展现代化都市圈的指导意见》，明确了城市群和都市圈的概念，并阐述了两者的关系。文件指出，城市群是新型城镇化主体形态，是支撑全国经济增长、促进区域协调发展、参与国际竞争合作的重要平台。都市圈是城市群内部以超大特大城市或辐射带动功能强的大城市为中心、以 1 小时通勤圈为基本范围的城镇化空间形态。可见，城市群中总有两个及以上都市圈；都市圈则是城市群中城市化的现实样态。应该说，这个阐释符合国际经验和我国实际，具有重要的参考价值。

长三角区域一体化中的上海都市圈

讲上海都市圈，离不开长三角地区，因为上海都市圈地处长江三角洲的核心地带，是长三角区域中若干都市圈之一。研究上海都市圈空间结构，要将其置于长三角区域一体化的格局中，才能把握其结构特征和相应地位。

长三角区域一体化的空间范围为 35.8 万平方公里，比德国（35.7 万平方公里）稍大，比日本（37.8 万平方公里）略小。在如此面积且有着较高经济密度的空间范围，区域一体化无疑呈现多层次结构。这不仅是自然地理和行政地理的客观反映，而且与经济发展、生态环境、社会治理、交通网络和全产业链等有着密切的联系。因此，正确理解长三角区域一体化的空间层次及其与相关因素的关系，能够有效促进长三角地区更好更快地实现其高质量一体化发展的使命和价值。

长三角全域是上海市、江苏省、浙江省和安徽省，一市三省是长三角空间结构的第一个层次。《长江三角洲区域一体化发展规划纲要》(以下简称《规划纲要》)指出："以上海市，江苏省南京、无锡、常州、苏州、南通、扬州、镇江、盐城、泰州，浙江省杭州、宁波、温州、湖州、嘉兴、绍兴、金华、舟山、台州，安徽省合肥、芜湖、马鞍山、铜陵、安庆、滁州、池州、宣城27个城市为中心区(面积22.5万平方公里)，辐射带动长三角地区高质量发展。"这个中心区是长三角空间结构中的第二个层次。

可能有人会发现，在2016年6月发布的《长江三角洲城市群发展规划》中，上述27个城市除温州市，即26个城市被定义为长三角城市群，亦即这个规划的空间范围。而在2019年12月发布的《规划纲要》中，则用"中心区"取代了"城市群"。在我看来，这个表述的改变是正确的。因为，在中国经济最为发达的长三角区域，将其中的26个或27个城市作为一个城市群，无论从城市群概念，还是现实发展状况看，都是不合适的。

《规划纲要》明确要求"加快都市圈一体化发展"，并通过阐述若干都市圈之间关系，揭示了长三角空间结构的第三个层次。《规划纲要》指出："推动上海与近沪区域及苏锡常都市圈联动发展，构建上海大都市圈。加强南京都市圈与合肥都市圈协同发展，打造东中部区域协调发展的典范。推动杭州都市圈与宁波都市圈的紧密对接和分工合作，实现杭绍甬一体化。"这里的"上海大都市圈"，是指上海城市群或沪苏("苏"主要指苏州、无锡、常州和南通)城市群。

“南京都市圈与合肥都市圈协调发展”即宁合城市群，“杭绍甬一体化”就是杭甬城市群。沪苏城市群、宁合城市群和杭甬城市群是长三角空间结构的第三个层次。这是我们以前看漏的一个层次，一个承上启下的中间层次。这三个城市群在长三角区域一体化的空间结构中具有重要地位。

《规划纲要》进一步要求："以基础设施一体化和公共服务一卡通为着力点，加快南京、杭州、合肥、苏锡常、宁波都市圈建设，提升都市圈同城化水平。"如果以上对上海大都市圈的理解是对的，那么，就还有一个以"1小时通勤圈"为空间范围的上海都市圈。因此，长三角空间结构的第四个层次是上海、南京、杭州、合肥、苏锡常、宁波都市圈。各都市圈范围内以行政区划界定的各城市，是长三角空间结构的第五个层次。

由此可见，长三角区域一体化的空间结构是：全域—一个中心区—三个城市群—六个都市圈—若干个城市。在这五个层次中，都市圈处于核心地位，是科创策源、产业集聚、政策协同和社会治理的基本载体。随着城市化水平的日益提高，长三角的城市群和都市圈都将在演化中形成新的组合，城市群和都市圈的数量都有可能增加。其中，作为现代经济社会功能区的都市圈，通常是跨行政区划、跨都市圈，甚至跨城市群的，其边界是弹性的，"你中有我，我中有你"是常态。

上海都市圈空间结构的"3+1"圈层

我们在长三角空间结构中看上海都市圈，背后的演化逻辑是，从上海都市圈到沪苏城市群，再到长三角世界级城市群，即研究全球城市的专家所说的"巨型城市区域"。事实上，还有另一个演化逻辑，即从上海中心城区到郊区新城，再到江浙近沪城市。

1843年，上海开埠。其后的100多年，上海的市域面积不断扩大。1958年，国务院将江苏省的上海县、嘉定县、宝山县、川沙县、南汇县、奉贤县、松江县、金山县、青浦县、崇明县共十县划入上海市，这是上海市辖区域扩大的关键性事件。通过这一区划调整，上海市的辖域面积增加了10倍。这次调整不仅帮助上海解决了城市发展所面临的空间制约，有助于落实中央对上海发展的新要求；更为重要的是，作为城市快速发展时期空间拓展的制度性安排，这次行政区划调整对上海城市空间重构和城市功能重塑产生了重大且长远的影响。

新中国成立时，上海市行政区划面积636.18平方公里，中心城区面积仅为82.4平方公里。截至2019年底，上海市共有16个市辖区，其中，中心城区面积约660平方公里，这是上海都市圈的核心圈层。

在中心城区范围之外的区域为郊区。2021年3月，上海市人民政府公布《关于本市"十四五"加快推进新城规划建设工作的实施意见》，在再次确认国务院批复的《上海市城市总体规划（2017—2035年）》中，有关"将位于重要区域廊道上、发展基础较好的嘉定、青浦、松江、奉贤、南汇等五个新城，培育成在长三角城市群中具有辐射带动作用的综合性节点城市"规划安排的基础上，提出了加快建设的具体意见。在城市化水平不断提高的背景下，"五个新城"的规划目标是"独立综合性节点城市"。由此，确立了中心城区以外的新城建设是上海都市圈第二圈层的地位。

那么，上海都市圈的第三个圈层是什么？就是上海行政区划之外的"近沪区域"。这块近沪区域大致包括哪些城市？这与原点的确定即上海市中心的位置有关。历史上，城市的中心通常在商业中心。后来，行政中心也会成为城市的中心。过去几十年来，客观形成或人们公认的上海的市中心在人民广场。在那里，以第一百货商店为标志，是上海的商业中心；以上海市人民政府所在地为标志，是上海的行政中心。但一个城市的中心是会转移的。随着城市间联通，以及与周边地区一体化日显重要，交通枢纽作为城市中心渐成趋势。

更为重要的是，现在上海新的市中心，同时也应该是上海都市圈的中心。而人民广场在上海的版图上处于略偏东的位置。上海的东面是长江入海口和杭州湾，是海域。与上海陆域接壤的江苏、浙江，则在上海的西北和西南方向。

近年来，上海建成了一个举世罕见的空港与高铁合一的巨型交通枢纽——100 万平方米的虹桥枢纽。这里还有 100 万平方米的会展场馆，是举办中国国际进口博览会的地方；还有 100 万平方米的商务楼宇，是上海西部的 CBD。我们将这三个“100 万”合称为虹桥枢纽。相对于人民广场，虹桥枢纽作为上海都市圈的中心更加名副其实。2021 年 2 月，国务院批复《虹桥国际开放枢纽建设总体方案》，明确了虹桥国际开放枢纽建设的指导思想、发展目标、功能布局和主要任务，标志着虹桥国际开放枢纽成为继自贸试验区临港新片区、长三角生态绿色一体化发展示范区之后，上海落实长三角一体化发展国家战略的又一重要承载地。

如果以虹桥枢纽为圆心划定 1 万平方公里的空间范围，上海都市圈包括上海的行政区划和江浙的近沪区域，即嘉兴市的平湖、嘉善，苏州的部分市辖区和昆山、常熟和太仓。如果以 80 公里为半径，上海都市圈空间范围则增加了嘉兴的部分市辖区和海盐，南通的通州、海门和启东。近沪城市将与“五个新城”和中心城区一道，共同完善上海都市圈空间结构。

将上面我所说的这些综合起来就会发现，上海都市圈空间结构呈现出“3+1”的圈层。第一个圈层是上海660平方公里的中心城区或主城区。第二个圈层在主城区外围，即连接嘉定、青浦、松江、奉贤及南汇五个新城的空间范围。第三个圈层就是上海都市圈，其内涵是沪苏、沪嘉和沪通同城化。苏州、嘉兴和南通是陆域或水域与上海接壤的三个地级市。这是“3+1”圈层中的“3”，“1”则是指上海市的市域范围。前者是经济社会功能区，后者是行政区划。未来，经济社会功能区的地位和作用将日益增强。

做实上海都市圈空间结构的重中之重

下面，我想重点谈谈“五个新城”建设。因为在现阶段，“五个新城”建设已成为做实上海都市圈空间结构的重中之重。

新城是上海城市空间结构的重要组成部分，上海也是中国最早提出“新城”规划构想和建设实施的城市。从新城发展历史来看，总体上经历了从新市区、卫星城、郊区新城到综合性节点城市的定位演变。

“十四五”期间，上海将构建“中心辐射、两翼齐飞、新城发力、南北转型”的空间格局。“中心辐射”是指主城区，“两翼齐飞”是指浦东、虹桥，南北转型是指金山、宝山，“新城发力”则是指嘉定、青浦、松江、奉贤及南汇五个新城在产业发展、公共服务、综合交通和环境治理等方面集中规划建设、全面赋能。由此，在中心城区外围将出现五个独立的综合性节点城市。“五个新城”不仅与中心城区功能互补、相互赋能，它们之间也将功能互补，更为重要的是，它们不再局限于郊区的定位，而是极有可能成为上海的副中心，连接近沪城市。“五个新城”作为综合性节点城市，将与近沪城市、中心城区一道，形成上海都市圈空间结构。不仅如此，鉴于“五个新城”在上海都市圈空间结构中所处的圈层位置，推进“五个新城”建设可谓是重中之重。在“十四五”期间，上海都市圈和“五个新城”的规划建设，以及中心城区再生的规划建设将同时推进，相关的规划建设实施意见、重点领域专项工作和规划建设行动方案正在相继出台，并付诸实践。

上海都市圈是功能建设的重要空间载体

20 世纪中期以来，发达经济体的中心城市先后经历了产业结构和空间结构的双重转型。前者主要指形成以现代服务业为主导的产业结构，后者则是在轨道交通网络上形成中心城区、郊区新城和周边城市即都市圈（区）的空间结构。尽管在此过程中不乏矛盾，但转型过程是工业化与城市化相互推动的产物，是经济社会发展规律性的表现，因此，无论矛盾多么复杂，过程多么艰辛，新的结构终将出现。上海都市圈空间结构亦将成为一个转型的典型范例。

上海都市圈是区域一体化的产物，其规划建设需要充分考虑以打破行政壁垒，提高政策协同，让要素在更大范围自由流动为重点，因此更强调功能建设。上海要强化全球资源配置功能、科技创新策源功能、高端产业引领功能和对外开放枢纽门户功能建设，上海都市圈是重要的空间载体。

改革开放以来，中国城市政府的经济职能与行为大致集中在三个方面：项目建设、制度建设和功能建设。在时间轴上，这三个方面有先后和重点之分。进入新发展阶段，功能建设的重要性日益凸显。当然，这不是说项目建设、制度建设不重要。根据中国经济现有的发展水平和发展模式，项目建设仍将是未来较长时期，城市政府推动社会经济发展、满足民生需要的重要工作。而制度建设是适应深化改革，使市场在资源配置中起决定性作用，更好发挥政府作用的必然选择，“放管服”改革和改善营商环境就是其中的标志性工作。但是，光有这两个还不够。进入高质量发展阶段，必须高度关注以现代服务业和软实力为主要内容的功能建设。功能建设是在城市经济发展，尤其是产业结构升级、专业化分工和创新驱动的前提下提出来的。现代服务业或者说生产性服务业的发展，形成了城市的服务功能。专业化分工的深化，产生了巨大的生产性服务需求，生产性服务供给又有着显著的集聚特征。创新驱动则要求人力资本、技术和企业家精神起主导作用，进而对教育、文化、治理、传播和智库等城市软实力提出了很高的要求。这些因素的叠加，促使超大特大城市在功能建设上都作出相应的规划，提出了具体政策和实施举措。

对于上海来说，进入新发展阶段，做强功能是推动高质量发展的必由之路。唯有如此，才能不断提升城市能级和核心竞争力，使上海成为国内大循环的中心节点和国内国际双循环的战略链接，更好融入和服务新发展格局。从这个意义上来说，“五个新城”建设和上海都市圈的构建与发展具有重要作用。

（原载上观新闻 2021 年 4 月 5 日）

国内大循环需要三块“基石”

陈 宪

经过四十年经济高速发展，我国社会的主要矛盾转化为人民日益增长的美好生活需要和不平衡不充分发展之间的矛盾。人民日益增长的美好生活需要表现在经济、政治、社会、文化和生态等方面，通过最终消费、公共福利两种基本形式得以实现。从经济活动的视角看不平衡不充分发展，在需求侧，消费和投资不平衡、消费不充分是有目共睹的；在供给侧，技术创新与产业发展不平衡、创新不充分也是显而易见的。然而，投资、创新和产业发展都是手段，人民日益增长的美好生活需要是目的，居民最终消费则是目的的一部分。也就是说，居民最终消费水平的提高，将直接满足人民日益增长的美好生活需要。

国内大循环的战略基点是扩大内需，其中特别重要的，是扩大居民的最终消费。值得注意的是，面向中国经济的高质量发展，“以国内大循环为主体”不仅意味着扩大内需的“量变”，更指向了内需动力模式的“质变”。国内大循环将是顺势而为在新发展阶段的精准体现。用好用活改革开放与制度优势，料将成为构建“双循环”新格局的关键一招。

居民可支配收入是“基石”之一

消费及其增长源于收入及其增长，居民最终消费依赖于可支配收入增长。没有稳定的收入，以及收入的稳定增长，扩大消费就是无源之水，内循环也就无从谈起。这里，居民收入包括货币收入和非货币收入。货币收入分为四个部分：工资性收入、财产性收入、经营性收入和转移性收入。具体而言，多方面的分配性因素和体制性因素，在影响和决定着居民可支配收入及其增长。在假定经济增长为既定的条件下，研究并改变和改善这些因素，对居民可支配收入增长有重要意义。

在初次分配中提高居民的工资性收入。初次分配是在企业内部，根据效率原则，按照要素贡献进行的分配。在现实生活中，可能因为政策性因素，使某种要素获得超过其实际贡献的收入。例如，在资本稀缺或强势的情况下，经常会发生不利于劳动的分配格局。由于体制性、政策性的不合理，使企业成本过高，也可能影响可资分配的工资性收入总量。我国目前存在的物流成本居高不下，以及仍有下降空间的用电成本、上网成本等，势必减少企业利润，影响企业的分红和奖励。这些成本的降低将增加居民的工资性收入。此外，税收作为财富再分配的手段之一，是影响一国（地区）人均可支配收入占人均 GDP 比重高低的最重要因素。基于国内大循环的要求，进一步推进包括个人所得税在内的税制改革，大力实行减税降负，既可以减轻市场主体的负担，亦可增加居民的可支配收入。

在要素市场改革与发展中提高居民的财产性收入。就中国目前的实际情况看，资本市场和土地市场是最有可能为居民带来财产性收入的两大要素市场。稳定资本市场财产性收入预期，完善分红激励制度，坚决查处严重损害中小投资者分红派息权益的行为，切实维护中小投资人利益，是提高我国居民资本市场财产性收入的最重要途径。农民和农民工的主要财产是土地。长期以来，农村集体土地的产权主体缺失与土地流转机制的不到位，不仅制约了土地的市场资源配置效率，同时损害了农民的财产性收入权益。由于土地收入占农民全部收入的比重被严重低估，土地增值的收益城乡分配制度不合理，引发的社会不稳定因素在不断累积。今后一个时期的土地制度改革要聚焦这个问题，建立健全城乡统一的建设用地市场，完善城乡建设用地价格形成机制，积极探索入市收益分配制度，加快推进农村土地制度改革，大力提高农民和农民工增量收入。可以期待，伴随资本市场、土地市场的进一步改革与发展，与其他收入种类相比，居民财产性收入有更大的上升潜力。

在改善营商环境中提高居民的经营性收入。对于企业而言，近年来，各级政府在改善营商环境方面作出了很大努力。改善营商环境，有利于市场主体，尤其是小微企业和个体户降低成本，增加他们的经营性收入。要围绕这个目标，继续加大放松管制和减税降费的力度，一方面对冲疫情冲击的影响，另一方面，提高他们的经营积极性，稳定和提升小微企业主和个体经营者的收入。

政府补贴增加居民的转移性收入。一方面，在足额、按时发放城乡低保金和失业救济金的基础上，适当提高低保金和失业救济金标准，或发放“抗疫”现金津贴。另一方面，通过深入调研和测算，较大幅度地提高城乡低保金和失业救济金标准。由此，将在保基本民生的同时拉动消费。

基本公共服务均等化是“基石”之二

居民的非货币收入来自哪里？来自公共服务。就我国现在的发展水平，提供公共服务的范围，还主要限于基本公共服务。就公共品的性质而言，基本公共服务的提供，关键在于均等化。可见，基本公共服务到位了，均等化程度提高了，就意味着全体居民非货币收入增加了，货币收入中用于储蓄的部分将相应减少，居民消费能力就自然增强了。

我国的基本公共服务包括义务教育、就业服务、社会保障、基本医疗和公共卫生、公共文化、环境保护等。经验表明，基本公共服务中的大部分项目，如义务教育、社会保障、基本医疗和公共卫生，国家提供的标准高了、范围大了，个人支出就会相应减少，居民的消费能力就能够相应提高。以基本医疗为例，曾有调查表明，在现有的贫困人口中，因病致贫、返贫的比重较高。由此推及广大居民，亦可表明，因病未能得到基本公共医疗服务的有效保障，将在很大程度上影响他们的消费能力。还有社会保障的例子。长期以来，中国居民储蓄率高的一个解释，就是居民为养老保障而被动储蓄，对于农民和城镇养老金水平较低的居民，就更是如此。可见，基本公共服务的覆盖面和提供水平，对于居民的消费能力有着至关重要的影响。

基本公共服务能否做到均等化，与社会建设和制度设计有关。党的十八大报告曾经提出一个和全面建成小康社会同步的目标，或者说，内在于全面建成小康社会的目标——“基本公共服务均等化总体实现”，用心良苦。政府有关部门应该围绕标准化、均等化、法制化，加快健全国家基本公共服务制度，完善基本公共服务体系。

建立国家基本公共服务清单，动态调整服务项目和标准，促进城乡区域间服务项目和标准有机衔接。合理扩大中央和省级政府基本公共服务事权和支出责任。健全基层服务网络，加强资源整合，提高管理效率，推动服务项目、服务流程、审核监管公开透明。只有让基本公共服务惠及更多的人，由政府主导提升居民的收入水平和消费能力，才能让更多的人群后顾无忧地去消费。

改革创新是“基石”的“基石”

内循环不仅仅指需求侧的消费和投资，还包括供给侧的创新、技术和产业。以创新驱动为指导思想，并以创新的方式投入生产要素，主要包括人力资本、技术和企业家精神，是驱动国内大循环的源动力，更是中长期经济增长和发展的关键所在。

与中长期经济增长相关的创新，其成果集中表现为战略性新兴产业的产出。近年来，战略性新兴产业对中国经济增长作出了重要贡献。在“十二五”末和“十三五”，战略性新兴产业增加值占 GDP 比重都超过规划预期的 8%和 15%。国家统计局数据显示，2018 年，战略性新兴产业占规模以上工业增加值的比重超过 19%，占规模以上服务业主营收入的比重超过 25%，所以，九大战略性新兴产业占 GDP 比重已超过 20%。2010—2018 年，全国战略性新兴产业增加值年均增长 17.1%，比规模以上工业增加值快 8.7 个百分点，比 GDP 增长快 9.6 个百分点。更多的数据表明，近十年来中国经济能够保持年均 7.5%的中高速增长，在很大程度上得益于九大战略性新兴产业年均 17.1%的高速增长。也就是说，正是这一高速增长在很大程度上对冲了增长整体下行的压力。

我国的战略性新兴产业集中分布于长三角、珠三角、京津冀和成渝双城经济圈等地区。作为产出的战略性新兴产业增加值，源自创新创业。创新创业生态和战略性新兴产业都具有集群的空间特征。这是被实践证明，也是被实证研究证实的事实。所谓创新生态和新兴产业集群，就是某个物理空间聚集着别的地方难以模仿的创新创业资源，并由此培育新创企业和新兴产业。并不是所有地方都可以形成创新生态和新兴产业集群，这是因为，创新需要若干必要条件，如人才、资本、基础设施、创新生态，甚至气候，不是每个地方都能够具备这些条件。这些要素和条件同时存在，均衡配置，要求近乎苛刻。所以，创新集群和新兴产业集群一般生成于某个都市圈或中心城市，分布于世界为数不多的地方。上海、深圳、北京、杭州和成都等城市，有着良好的创新创业生态和新兴产业集群。在中国的其他城市，也正在形成这一发展格局。正因为如此，我们坚信中国经济的基本面是健康的，中国经济长期向好的态势没有变，也不会变。

总的来说，无论是疫情防控，还是经济社会发展，我们遇到的很多问题是中长期的。2020 年 7 月 30 日召开的政治局会议，也明确提到“必须从持久战的角度加以认识，加快形成以国内大循环为主体、国内国际双循环相互促进的新发展格局”。这个新发展格局，既需要提高居民的可支配收入来直接刺激居民消费总量，也需要制度设计来保证居民的基本公共服务均等化，从而间接释放居民的潜在消费能力。与此同时，为实现稳增长和防风险的长期均衡，深化改革与激发创新活力仍然是驱动国内大循环的源动力。

（原载《社会科学报》第 1727 期第 2 版，上海社会科学院应用经济研究所博士生何雨霖对本文亦有贡献）

农村孩子教育应是国家战略

陆　铭

如果不出意外，中国将在“十四五”期间跨越中等收入陷阱，在人均GDP水平这一意义上进入高收入国家行列。习近平总书记在2020年8月24日主持召开的经济社会领域专家座谈会上指出，并不是说经济发展水平提高了，矛盾就少了，反而有可能是经济发展水平提高了，会带来新的矛盾。在新发展阶段，人口红利在数量上已经消失，而人口的教育水平有待大幅度提高，这两者就是当下最为值得关注的焦点。

根据人口学家的预测，中国的人口总量几年之后会在14亿略多一点的水平上达到峰值，然后进入负增长时期。多年以来，由于人口出生率持续下降，并处于低位水平，中国的20岁至24岁人口早在2010年前后就已经开始收缩。15岁至64岁人口的比率也大约在2010年前后出现了拐点式的下降。与此同时，随着健康水平的改善，65岁以上的老年群体迅速增长。

面对这样的现实，国家已经出台政策，逐步推迟退休年龄，以此缓解人口老龄化对于经济增长和养老金支付带来的压力。另外一个举措是放松对于生育的管制。遗憾的是，放松生育管制并没有对出生率起到明显的作用。2016年全面二孩政策实施以来，出生人口曾经小幅度攀升，然后重新出现连续几年的下滑。当前中国的总和生育率下降至1.6，已经低于一些发达国家的水平。

面对人口的老龄化，另一个更为行之有效的应对策略是提高劳动生产率，而这又有赖于城市化和提高人口的教育水平。

先来说城市化。越来越多农村劳动力进城工作是经济社会发展规律所驱动的，不以任何人的偏好为转移。农村地区的产业结构更多依赖于农业旅游和自然资源，这几个产业的经济总量分别受到土地、游客接待力和自然资源本身的局限，总量增长的空间不大。而城市地区的制造业和服务业则在资本积累和技术进步两者的作用下持续增长。农村地区即使也有少量的制造业和服务业，相比城市地区也缺乏规模经济。因此，现代经济的主战场是城市，能够创造大量就业机会的也是城市。而在城市之间，大城市及其周边的都市圈又比小城市拥有更强大的经济增长和就业创造空间。上述道理使得全球范围内出现城市化率逐渐提高，并且人口逐渐向大城市周围集中的普遍现象。

中国当前的经济结构中，农业所占的比重已经低于8%。制造业和服务业主要集中在城市，其中服务业更是大量集中在城市。因此，给定劳动力数量的总量，人口向城市部门的迁移，可以既在个体层面提高收入水平和消费水平，又在宏观上为制造业和服务业提供更多劳动力。如此这般城市化的进程，可以使得劳动力的配置效率得到极大的提高，产生“做大蛋糕”的作用。

与此同时，如果能够通过教育来提高劳动力的质量，那么就可以使得人口的数量红利转化为质量红利。和发达国家相比，中国的教育水平仍然有明显的差距。2018年经济合作与发展组织(OECD)国家6岁及以上人口的平均受教育年限是12.89年，而中国的平均水平是9.13年，相差将近4年。另一个数据表明，在25—

64岁人口中受教育程度为高中及以上的比例，OECD国家达到75%。而中国2010年的人口普查数据显示，这个指标在中国仅仅大约25%。

我在参加习近平总书记主持召开的经济社会领域专家座谈会时提出，建议国家通过加快户籍制度改革，推进城市化，同时尽快实施12年义务教育，就是基于上述对中国新发展阶段面临的矛盾的认识，希望能够获得全社会的共识。如果12年义务教育真的很快到来的话，那么，重点就是要提高农村户籍孩子的教育水平，因为大多数城市户籍的孩子事实上已经获得12年教育了。那么，顺理成章的是，在城市化和提高教育两者的焦点位置，就是农村户籍的留守儿童和流动儿童的教育问题。

前文已经说过，城市化是经济社会发展的客观规律，不可逆转。如果劳动力在城乡间和城市之间流动起来，那么他们的孩子呢？理想的状态是孩子和父母一起进城。一方面能保证家庭团聚，另一方面，在城市工作的父母可以获得更高的收入，同时，城市也获得充足的劳动力。如果农村孩子在父母所在城市接受教育存在障碍，那么，结果之一就是父母进城，孩子留守，造成家庭分离，这就是多达6 000多万至少父母一方不在身边的留守儿童现象的成因。另一个可能的结果是，部分农村劳动力选择不进城，结果是他们的收入难以提高，而城市劳动力短缺，城市化受阻。当前中国的城市化率大幅度低于同一发展阶段的其他国家，体制上的原因就与城市地区的教育未充分覆盖进城务工人员的子女有关。

解决留守儿童教育问题应是个国家战略，唯一可行的办法就是持续推进孩子与父母进城，并接受教育。孩子进城接受教育意义尤其重大。一方面，教育质量与学校的投入有关，而学校的投入又是有规模经济的，这就决定了城市的教育质量比农村地区更好。农村地区的教育当然也需要投入，但是这只能是出于公平性的考虑，不能从根本上改变农村教育质量低于城市的现实。这一点孩子家长都知道，虽然国家早就在农村地区推行了九年制义务教育，但今天在农村地区生活的父母都在尽力把孩子送到县城里的学校去读书。

另一个容易被人们忽视的问题是，孩子进城读书，学到的不仅仅是学校里的知识，同时也在学习如何在城里生活。我和广东金融学院副教授魏东霞最近的研究发现，农村居民进城越早，越有可能在当下获得更高的收入，并且有更高的概率进入生产性服务业工作，还有更高的概率自主创业。我们把这种现象称为“进城即学习”。未来的中国服务业的比重一定会越来越高，而服务业对于人与人之间的交往能力的要求也越来越高。农村地区的孩子尽早进城，就能更好地融入城市。反过来说，如果因为制度的原因，使得农村地区的孩子不能早进城的话，越往后拖，他们的损失越大，而个体的损失加在一起就是整个国家的损失。

不能再以教育资源有限来拒绝农村孩子进城接受教育。教育资源是可以在经济增长的过程中，通过加大投资来增加的。政府的公共财政不能只是短视地把钱用在硬件的投资上，而是要把钱花在长期的人力资本投资上，获取长远的回报。

近些年来，我和我的同行不断地呼吁要加快户籍制度改革，推进城市化，让那些自愿进城就业和居住的人能够顺畅地实现他们对美好生活的向往。同时，我们也呼吁政策制定者尽快从多个角度努力，让留守儿童能够进城，让流动儿童能够获得更好的教育。把改善农村户籍的孩子教育视为国家战略，在任何意义上都不为过。

（原载澎湃新闻 2020 年 11 月 4 日）

学区房与城市内部的教育资源配置

陆 铭

现在我们生活在城市里，面临着大量的家长和孩子对于教育的各种忧虑，其中最为突出的一种现象就是，大家拼命地去竞争那些所谓的优质教育资源，并且产生了学区房的现象。在一些超大城市，一平方米的学区房，价格甚至高达二三十万元。

面对这样的问题，我们怎么办呢？一个比较直观的，凭直觉作出的政策建议，就是进行优质教育的均等化就可以了。问题是优质的教育资源均等化是什么意思，究竟要如何实现教育资源均等化？

首先需要解释的问题是，优质教育资源是如何形成的？有些朋友可能会说，这还用问吗，优质学校里通常有好老师，教学设备也会更好。这个我不否认，好的学校有好的老师当然非常重要。但是教育经济学的研究会告诉你，一个好的学校还有一个非常重要的因素，我们把它称为“同群效应”。

同群效应指的就是在学校学习的时候，同学之间是相互影响的。孩子周边的孩子如果更加优秀的话，自己的学习成绩也会更好。用中国的古话来讲，就是“近朱者赤，近墨者黑”。也恰恰是因为这样的一个原因，我们中国古代的传说里有一个“孟母三迁”的故事，孟子的妈妈要给自己的孩子寻找一个比较好的社区，要居住在文化人附近,这样才能给自己孩子提供一个好的生活环境,讲的大概就是这样一个道理。

有了好的学生以后,就会有好的学习环境加上好的师资,这样就形成了有一些优质资源集中在某一些好的学校,学校和学校之间的教育质量就会出现差异。

第二个造成优质教育资源比较集中的原因,跟空间分布有关,也就是说优质的教育资源总是集中在一个城市的某些地区。为什么有这样的一种现象?我们可以结合中国和美国的差异来理解。在美国,一个学校的教育经费来源于它所在的社区的物业税。也就是说,如果一个地方的房子越好,房子越贵,这个小区的居民交的物业税就越多,用来发展当地的教育的钱也就越多。这个时候,一个社区的学校跟社区的居民平均收入水平和房价就直接挂钩了,这就形成了教育资源在空间上的不均等。美国这种制度它是一把双刃剑。在局部来看,它有可能导致的是教育资源跟房价和居民的收入水平挂钩。但是也恰恰是因为物业税,假如在一个远离城市的郊区的地方,形成了一个富人区,那么这个富人区很容易通过物业税这样的制度,来使得周边的教育质量能够好起来。这也就是我们现在看到的,很多中国的孩子到美国去读高中,但这个高中有可能它并不是在城市的最中心,而是在城市的郊区这样一个现象。

我们中国情况是怎样的呢?中国的教育资源主要是由城市的地方政府来提供的。这个时候有两个原因会导致优质的教育资源集中在中心城区。

第一个原因是历史原因。因为中国的城市在不断地扩张,尤其是一些特大和超大的城市,在过去二三十年时间里,城市面积扩张得非常快。但是我们一些传统的所谓优质的中小学,其实大量集中在中心城区。尽管在城市扩张的过程中,城市政府已经作了大量的努力，把学校往郊区去做空间上的均等化的分布，但是由于历史上长期积累的原因，优质教育资源大量集中在老城区，这种现象仍然很难得到彻底地解决。

另外一个原因，跟中国的教育财政有关。现在中国是规定地方政府对于教育财政的支出必须要占到 GDP 的 4%。那么由于在一个特大和超大城市里，往往市中心这个地方有特别多的经济活动，所以它的税收也就比较多，GDP 的规模也就比较大。这个时候中心城区的一些老学校，特别是那些优质的学校，反而有可能得到相对更多的教育资源的投入。上面这两种因素叠加起来，就导致了中国特大和超大城市内部在空间分布上教育资源不均等的现象。

有了这样一种现象以后，学区房的概念就产生了。因为总体来讲，中小学的教育资源分配往往是采取一种就近入学的制度。不管是在美国式的制度之下，还是在中国式的制度之下，教育这样一种公共资源，仅仅是服务于一个非常小的空间范围之内的居民的。如果太远的话，要么就是长途通勤，要么就很可能产生寄宿制。但寄宿制学校毕竟在中国城市里不是一种主流的方式。

那么问题来了，既然好的学校在空间上分布是不均匀的，而且好的学校往往又只服务于周边的社区。要去上好的学校，怎么办？这里理论上来讲有三种办法，但这三种办法也会产生各自相应的后果。

第一个最简单的办法就是市场机制、价格机制，好的学校收费高。但是这种配置资源的方式很容易引起读者的一种反应，那就是把优质的教育资源配置给了富裕的家庭，它显然会导致家庭之间教育机会的不均等。

由于有了这样一种担心，第二种配置优质教育资源的办法产生了，那就是政府控制优质教育资源的价格，让学费不能太贵。但是问题又来了，如果采取这样的一种方式的话，当价格被控制住以后，一定会产生供不应求的这样一个结果。那么优质教育资源到底配给谁？既然价格机制没有了，那么第二个办法就是凭关系，于是在中国历史上就曾经出现“条子生”这样一种现象。

第三种办法，就是学区房。学区房实际上是在行政配置教育资源和市场配置教育资源当中的一种结合体。也就是说，在学校的收费方面，通过政府的力量把学费给控制住，但是大家就找到了另外一种竞争优质教育资源的办法，那就是买房子。于是大家今天所看到的学区房价格更贵，其实它比普通住房更加贵的那一个部分，严格说不是房价，是学费。而且在中国普遍存在的一种现象是，买房子是优先可以让自己的孩子上学的，而租的房子就算在学区房范围之内，恐怕也是没有机会的。这样一来就更加使得房价跟社区的学校的教育质量形成了正相关。在这样的一种制度之下，似乎也找不到更好的办法来实现教育的均等化，怎么办呢？是不是低收入家庭的孩子就没有机会了？其实结果可能也没有那么糟糕。我给大家介绍三个有可能使得低收入家庭的孩子也有机会接触到优质教育资源的机制。

第一，最为重要的机制就是奖学金制度。前面我们说过，在比较好的学校里往往是因为同学之间产生的同群效应，使得好学校成为好学校。奖学金制度就是指学校给来自低收入家庭的、学习成绩比较好的孩子提供奖学金。这种制度一方面能够让低收入家庭的孩子享受到优质的教育资源，同时因为这样的孩子比较优秀，学校也有激励，通过吸引这样的孩子，能够提高学校的学生质量。它是公平和效率两者兼顾的一种做法。

第二，就是所谓基本公共服务的均等化。一种做法是对教育资源进行分流，一部分民办的优质的好学校，允许它采取市场化的收费，然后通过税收的方式，把优质的学校的学费，转移到政府的财政收入里，然后再把财政收入用来补贴其他的相对来说比较普通的学校，来实现不同学校之间的教育资源的均等化。

还有一个做法，现在我们已经有些城市在做，就是扩大学区的范围，或者打乱学区。今年这个学区包括 A 学校，明年这个学区就包括 B 学校，使得家长很难对哪一个小区对应着好的学区进行判断，这个就使得学区房的投资价值被弱化了。但是这个办法也会产生一个新的麻烦，就是最后可能谁来上好的学校要取决于抽签。也就是说，在教育资源短缺的情况下，扩大了能够享受优质教育资源的社区的范围，但是结果到底谁能来上好的学校，就取决于运气。这件事情到底是不是真正促进了教育的公平，可能存在很大争议。

第三，就是从总体上增加教育的投入，特别是在一些特大超大城市，我们有大量的外来人口相对集中居住在郊区。随着城市面积的扩张，就需要对这样一些人口增量大的社区加大教育的投入，来改善教育的质量。同时增加同一个城市内部不同居民的教育获取的权利的均等性，我认为这一点在我国非常重要。

（原载《21 世纪经济报道》2021 年 1 月 22 日）

目前美股没有投资价值

钱军辉

在不到三个季度的时间跨度内，美股 S&P 500 指数从 2020 年 3 月最低点 2 191.86 涨到 4 545.85 点（截至 2021 年 9 月 3 日收盘），涨幅超过 100%。

在估值方面，S&P 500 的 Shiller 市盈率最近达到 39 倍，超过 2008 年金融危机之前水平，接近 2000 年互联网泡沫顶部估值。市净率达到 4.8，也接近 2000 年水平。市销率达到 3.3，是有数据以来的最高，超过 2008 年危机前最高点的两倍。

S&P 500 指数上涨过程中的 K 线形态基本跟 2008 年金融危机之后大部分的上涨区间一致：几乎直线倾斜向上，稍有偏离，很快被修复。只有一个区别，这轮上涨斜率更高（参见图 1）。

图 1　S&P 500 指数月 K 线（2010.1—2021.9）

这么高的估值和这么特殊的指数走势，背后自有特殊的内在动因。首先，也是最重要、最根本的，是美联储的呵护。

美联储对股市的呵护

从格林斯潘时代开始，美联储对股市的呵护开始变得明显。所谓的“格林斯潘看跌期权”(Greenspan put)就是指当股市下跌时，格林斯潘会免费送给投资者一个看跌期权(也就是保护股市进一步下跌的保险)，于是股市又会恢复信心。

2008 年金融危机后，美联储对股市的呵护达到新的高度。当时的美联储主席伯南克曾在 2010 年试图缩小货币刺激规模，但之后的股市暴跌很快说服他掉头，最后不仅没有缩小，反而是陆续推出两轮量化宽松(QE2 和 QE3)，于是股市放心继续斜线向上。

现任美联储主席鲍威尔经历了类似的过程。上台之初，鲍威尔尝试了加息和量化紧缩。但是股市已经习惯了美联储的溺爱，发现新任主席爱心不足，立刻在 2018 年第四季度暴跌。暴跌之后，鲍威尔紧急转弯，恢复了对市场的呵护。而市场看到美联储爱心依旧，于是放心地继续斜线上涨，直至 2020 年初新冠疫情在全球暴发。

新冠疫情暴发后，美股一度出现熔断下跌。在极度悲观的市场氛围中，美联储使出浑身解数，不仅迅速将政策利率调到零，而且展开史上最大规模的资产购买，从而给金融系统注入天量流动性。从 2020 年 3 月初到 2021 年 8 月底，美联储所持有的资产从 4.2 万亿美元增加到 8.3 万亿美元，几乎翻倍。新购买的资产不仅有国债、MBS 等传统证券，还史无前例地包括了垃圾债 ETF。

美联储刷新底线的救市再次奏效，市场信心恢复，抄底资金涌入，S&P 500 重新斜线向上，而且斜线的斜率超过以往，让指数半年不到便再创新高。

当然，这届美联储可能已经别无选择，必须对股市百般呵护，因为股市泡沫已经“大而不能破”。著名的巴菲特指标（股市总市值/GDP）已经超过200%，这一方面说明股市估值高企，另一方面也说明股市波动会导致居民财富大幅波动，从而影响实体经济。

仅S&P 500成分股的总市值，最近已经超过37万亿美元，还有超过10万亿资产跟S&P 500指数挂钩。如果该指数下跌10%，蒸发的财富可能会超过4万亿美元。

而且美股已经不只是富人的游戏，股市市值也不只是富人账面上的数字。普通中产阶级的退休金在股市里，公共退休基金（即警察、消防员、公立学校教师等公务员退休金的资金池）在股市或在跟股市有关的信用产品里，还有无数散户的积蓄在股市里。因为参与面广泛，股市涨跌会立刻影响美国人的购买力。如果股市跌得厉害，还可能导致社会混乱（想象公共退休金亏空违约的情况）。

对美联储来说，可能已经没有救股市还是救经济这样的选择。呵护股市，就是呵护经济。

当然，美联储的呵护还不足以让S&P 500走出斜线向上的趋势。虽说底线一直在被刷新，美联储毕竟没像日本央行那样，直接进场买股票画K线。美联储和股市之间还有一臂的距离，它给市场搭了台，唱戏要靠各路机构和散户。K线走成什么样，决定于市场均衡中最活跃的资金做什么样的交易。让S&P 500斜线向上走的，在笔者看来，是美股市场越来越庞大的套息交易。

股市里的套息交易

套息交易（carry trade）的概念最初来自汇率交易。汇率套息交易的一个典型例子是做空（借入）日元、做多巴西雷亚尔。因为日元利率低，雷亚尔利率高，所以如果雷亚尔相对日元保持稳定或升值，套息交易者能获得稳定的息差收入。当然，如果雷亚尔大幅贬值，该交易将血本无归。

这个概念可以拓展应用到几乎所有金融领域。比如银行存贷款业务是一种套息交易：如果贷款顺利付息还本，那么银行赚到息差，否则将大亏。再比如，保险公司的主营业务也是一种套息交易：如果受保人无事，那么保险公司赚到保险费，如果出事（例如重疾、财产损失等），则要大额赔付。做多信用债无疑也是一种套息交易：如果发行者顺利还本付息，那么获得利息收入，而如果发生信用事件，则可能大幅亏损。

从这些例子可以看出，套息交易有个共同特征：跟某个巨大的风险（高息货币贬值、银行贷款坏账、受保人发生危险、信用债违约等）共存，在暂时的稳定和无事中获利。套息交易者知道可能有坏事发生，但是他希望岁月静好，至少在他交易结束之前保持静好。换句话说，套息交易者是波动率的空头。

这样的交易在美股同样存在，而且具体表现形式众多。最明显的一种股市套息是做空 VIX 期货：如果即期 VIX（S&P 500 隐含波动率）保持稳定，那么空头就能获得“滚动收益”（roll yield），因为远端的 VIX 期货一般高于近端；如果同时即期 VIX 下行，做空收益就更高。但如果股市大跌，VIX 大幅上升，那么空头就要血本无归。

同样地，也可以卖个股或指数的看跌期权：如果股价或指数保持稳定或上涨，那么就能赚到看跌期权的卖价。卖看跌期权是美国散户和机构特别热衷的游戏，如果市场稳定或上涨，可以增强持股收益。当然，如果股票或指数大跌，那么看跌期权的卖方将大亏。

股市套息远远不止这两种形式。如果一个交易策略成功的前提是市场不发生大跌，那么它就是一个隐形的套息策略。比如逢低抄底（buy the dips）策略在稳定的市场中可以很赚钱，但是一旦市场发生大跌，那就会变成高山上的接盘侠。

越来越多的机构以及散户参与到股市套息中来。Vineer Bhansali 和 Larry Harris 于 2018 年发表了一篇论文介绍各种做空波动率策略及其影响，其标题就是“大家都在干这个”（Everyone's Doing It）。对很多资金管理者来说，参与套息甚至是职场生存所必须。套息能带来稳定的回报，如果不参与，业绩不如人，则会被行业淘汰。

因为“大家都在干这个”，股市套息对股价的影响渐渐超过甚至淹没了基本面交易的影响。一方面，因为波动率空头压过多头（如股票空头），股市波动率受到抑制。另一方面，套息策略都是助涨的，因此股市倾向上涨。两者结合起来，就形成了 S&P 500 斜线稳步向上的 K 线图。

为什么套息是助涨的？因为套息交易一般都直接或间接提供流动性，比如逢低抄底策略就是在股价下跌时注入流动性。而流动性越好，在其他不变情况下，股价也就越高。事实上，套息是宽松货币政策影响股市流动性的重要渠道。货币宽松导致长期利率下降，诱导机构寻找收益（searching for yield），而股市的套息交易有不可抗拒的吸引力。

当然，上涨过程并非一帆风顺。自 2018 年以来，S&P 500 就经历了三次恐慌，包括 2020 年 3 月的风暴在内。每次恐慌都伴随 VIX 飙升，股价急跌。但当美联储出手稳定军心，市场又重整旗鼓，再次斜线向上。

这样的 K 线形态，说明 S&P 500 本身也成为一个巨大的套息工具。希望在暂时的稳定和无事中获利的套息者，完全不用更高级的工具，只需要做 S&P 500 指数的多头（比如买指数 ETF）。在岁月静好期间，多头有比较稳定的收益入账，但一旦发生恐慌，可能一下子血本无归，要等美联储救灾和市场缓慢回血。

S&P 500 指数持续上涨，享受史上最高水平的估值，并不是因为当前的美国经济形势最好或具有史上最强增长潜力。只是因为广泛参与、交易活跃的套息盘主导了市场估值，持续推动股价上涨。只是因为成长中的套息盘有自己的动能：股市波动受到抑制，套息盘被验证能赚钱，吸引更多套息资金入场，同时淘汰那些不参与的资金管理人。只是因为套息交易有一个法力无边的幕后支持者：美联储。但问题是，美联储真会永远支持股市如此上涨吗？

美联储的保护不是无条件的

美联储继续实施零利率和量化宽松政策有个前提，那就是通胀偏低和就业偏弱。2021 年 8 月美国失业率已经回落到 5.2%，已经在疫情前 60 年均值以下。可以说，就业情况已经不弱，而且还在改善中。而 8 月的通胀率已经升至 4.2%，远高于美联储的目标通胀率 2%。

美联储主席鲍威尔多次强调当前的通胀是短暂（transitory）的，很快会随着疫情影响衰减而回落，从而安抚市场对加息的担心。但通胀趋势充满不确定性，而鲍威尔毕竟不是从未来穿越回来的角色，不能看到未来。更重要的是，目前的货币政策更无助于控制通胀。要让通胀回落，美联储应该加息，从而让实际利率由负转正。

而且货币政策所关注的 CPI 或核心 CPI 通胀，并不完全反映家庭生活成本的上升。Case-Shiller 20 城市房价指数已经比疫情前上涨 20%，而且因为房屋库存水平较低（尤其是总价低的入门级房屋），同时按揭贷款利率在历史低位（也是宽松货币政策使然），房价很可能还会继续上涨。买不起房子的新婚夫妇只好加入租房队伍，推高房租水平，因此房价上涨最终能推动房租上涨以及通胀。

美联储身处两难之中。一方面股市脆弱，离不开宽松货币政策。另一方面宽松货币和通胀目标不一致，而维持价格稳定是美联储法定的责任。如果通胀维持在 4%以上，甚至不断升高，如果房价在供给吃紧、建筑成本和人工成本上升等因素推动下继续上涨，那么美联储将面临巨大的政治压力。

两难之中的美联储很可能不敢下猛药治理通胀，但也不敢继续极度宽松的政策。从鲍威尔最近的表示看，美联储应该会在 2021 年底或 2022 年初缩减资产购买（也就是所谓的 taper），同时等待时机停止资产购买，最后再考虑加息。对于庞大的股市套息盘，这不是好消息。

套息崩盘

有套息就有崩盘。如果没有崩盘，其实也就没有套息交易。正是崩盘的风险，给予了套息交易可观的回报。

S&P 500 多头套息策略的回报率大致等同于指数上涨的斜率，斜率越陡，S&P 500 套息收益越高。因为在均衡状态，风险和收益必须匹配，所以股市崩盘风险越大，S&P 500 指数上涨斜率应该越高，这样才能补偿套息交易者承担的风险。因此疫情后 S&P 500 指数上涨斜率超过以往，恰恰说明套息崩盘风险超过了从前。

从 2018 年以来，大致发生了三次股市套息崩盘：2018 年第一季度，2018 年第四季度，以及 2020 年第一季度（见图 1 的三个圈圈）。崩盘的幅度一次比一次大，所需要的美联储救援力度也一次比一次大。2020 年 3 月的崩盘已经非常壮观了，我们可以想象下次崩盘可能会更加壮观。下次崩盘可能是因为美联储意外紧缩，或者是其他冲击。一旦发生，就会像 2020 年 3 月那样发生各种恶性循环，最后需要美联储更大规模的救市。

在套息盘成长的过程中，所有套息者都是流动性的提供者。但当套息崩盘时，他们都会立刻变成流动性的需求者。卖股票或指数的看跌期权的需要平仓，“逢低抄底”的杠杆基金需要卖股票逃命，等等。股市暴跌的同时波动率会飙升，而波动率飙升又会带来新的抛压，比如风险平价基金（risk-parity funds）需要降低股票仓位，但这也需要有人提供流动性。

空头通常是市场下跌时流动性的供应者，但是不断上涨的大牛市早就把空头赶出市场。当崩盘发生时，人人都需要流动性，但没有人供应，所谓的“流动性蒸发”状况就形成了。正是流动性蒸发，导致美股在 2020 年 3 月发生数次熔断。

恶性循环并不局限在股市里。股市崩盘会打击实体经济的投资信心，也会通过逆向财富效应打击个人消费（美国 GDP 的大头），并进而打击上市公司的利润。也就是说，美股上市公司的基本面也跟股市套息盘生死与共。当套息崩盘，股票基本面会和高企的估值一起，跟随股价一起崩溃。这样的市场，是没有长期投资价值的。对中国投资者来说，目前 S&P 500 最大的价值在于对冲：S&P 500 的看跌期权是全球股市下跌、全球经济衰退的一份保险。

在短期，S&P 500 多头也是如履薄冰。在劳动力供应吃紧、通胀和房价上涨的宏观环境里，美联储能给这一轮股市套息牛市续命的时间已经不多了。

崩盘以后，股市套息交易会不会再来一轮？我认为这个可能性不小。崩盘发生后，因为总需求迅速萎缩，通胀问题会迅速消失，失业问题会重返，这要求美联储重新回到救市和刺激模式。而且因为崩盘导致的资产负债表损伤，下一轮救市和刺激的力度很可能要比上一轮更大。力度还能更大吗？当然可以，美联储可以学日本央行直接进场买股票。

只要美联储实行零利率和充足储备的货币政策，套息交易很可能还会复活。当然，未来的套息交易能不能推动股市进入新一轮牛市并再创新高，现在难以判断。反例是日本股市，虽有央行加持，但至今没有突破 20 世纪 80 年代末泡沫的高点。

（原载《国际金融报》2021 年 9 月 10 日）

如何理解当前的信用债风险

何　帆

一、 打破刚兑之路

2020 年末，市场上信用债风险事件沸沸扬扬。短期来看中国确实有许多问题，但是并不会爆发危机。本文重点讨论信用债风险及我国金融体系特点。

过去几年，打破刚兑一直被关注。信用债风险事件层出不穷，最近几年北京在债券市场违约的主体数量和违约金额方面最多，东北最靠前的是辽宁省。以下列举了最近几年的信用债违约事件和市场对违约给出的主流解释：

2016 年 3 月，大连东北特钢违约。原因：投资不过山海关。

2018 年，贵州独山县投债违约。原因：私募 + 基层乱投资。

2019 年 1 月，康得新违约。原因：公然财务造假。

2019 年 9 月，青海省盐湖股份违约。原因：地方保壳，股权人和债权人之争。具体来讲，该企业赚钱能力本应很强，且青海自然资源丰富，但企业开展资金流不确定的新业务，导致资金链断裂。

2019 年 12 月，北大方正违约，该企业顶着“北大”二字，使公众认为，既然是学校的企业，又有北京大学信用做背书，应该可以运营良好，但后来发现，“北大系”“清华系”是假的国有企业，此后便导致一系列其他的问题。

2020年10月，东北华晨集团违约。原因：疑似逃废债。

最后是最近发生的永煤事件。该事件令人匪夷所思，因为从公司经营角度来看，冬季取暖，煤炭的价格销量都比较稳定，此外该公司由河南国资委控股，相当于有政府的信用背书，且公司账面上资金流充裕。市场分析事件原因是政府逃债，但其实很难找出确凿的证据，因为煤炭是赚钱的行业，其利润率大概有50%—90%。永煤集团旗下还有其他公司，而煤炭利润需维持整个集团生存，所以很难确定责任出在哪一层级，故该事件的疑点较多。

对当前信用债违约事件的分析，应站在不同参与者角度来思考他们背后的真实考虑。就地方政府而言，地方政府的处理方式为什么突然与原来不一样了？当地方政府旗下的国有企业出现问题时，政府是否要帮忙？如果帮助其中一个，那么其他企业再出现问题要不要继续帮？现实情况是，地方政府资金压力较大，很多地方政府入不敷出，因为过去可以进行土地拍卖，但现在房地产调控越来越严格。前几年经济繁荣时，税收增长速度超过GDP增长速度，如今财政税收却在下降。现在疫情防控的很多支出又由地方政府承担，此时又预见经济下行压力，且中央和地方的财权、事权划分不清，导致地方政府资金不充裕，甚至正常运转都成问题。

虽然地方政府资金压力大，但如果不对信用债兜底，金融市场可能会发生严重后果。永煤事件发生后波及很多即将发行信用债的公司。例如许多公司停发信用债，粗略估计将影响400亿元规模的信用债。一件危机引起连锁反应，此时应思考信用债是否继续发展。在该背景下，不同地方政府表态不同。例如，山西省政府部门坚决支持信用债，保证旗下的国有企业不出现问题，但河南省政府部门表态却不同，这显示出地方政府的两难。

站在监管者角度看同样是两难的选择。例如不监管，当出现信用债风险时，风险造成的损失会使投资者吸取经验，从而使投资者未来更加谨慎，这是有利的一面。但不利的一面是，连锁反应出现时该如何处理？

二、 银行流动性风险与货币政策的稳定

中国目前系统性风险处于被低估的状态，一旦出现连锁性风险，市场内资金很快就会消失。这属于流动性风险，且是非常严重的，如果不能合理应对便可能出现市场恐慌。但难得培养出的打破刚兑意识，一旦监管部门插手，风险和包袱又将落到监管者上，所以对监管者来说也是两难的选择。

目前中国人民银行的态度比较谨慎，认为信用债风险未必是坏事。中国人民银行前行长周小川经常讲：货币政策像绳子，“拉”是容易的，“推”是很难的。央行如果要防范通货膨胀风险，可使用货币政策，因为通货膨胀有效果预期，但是如果经济疲软，指望宽松货币政策来刺激经济增长会带来潜在的风险。将货币政策比作水龙头，水龙头打开，释放流动性，但水流在什么地方不清楚，随着水越来越多，就会造成系统性金融风险。2009 年金融危机的顺利度过，根本原因是我国央行采取了极度宽松的货币政策，当时释放的流动性过多，故现在需加强监管。

中国人民银行传递出来的信号，是不希望用宽松的货币政策刺激经济增长，风险防范才是最重要的。风险防范如何在实现局部爆破的同时，又不会带来多米诺骨牌式的效应？此时央行在战略和战术上会作出区分，不是所有都不监管，而是要有优先次序地选择性

监管。首先守住银行间市场的流动性，因为只要守住银行间市场的流动性，便会坚固非银行市场。这是中国金融系统中最重要的，保持充足的银行市场流动性就不会出现系统性风险。

以上是战术目标，而更重要的战略目标是我国要保持相对稳健的货币政策，保持常态化，还要继续控制宏观杠杆率。如果现在仍然采取过于宽松的货币政策和金融监管，过几年处理现在积压的问题时会更加困难。所以目前需要提前化解金融系统中的潜在风险。

如果中国人民银行释放的信号如前文所言，是采取比较稳健的货币政策，那么市场将出现这样一种情况：除非货币政策出现较大转向，否则二级市场融资将持续偏紧。若假设二级市场融资持续偏紧，按照可能的严重程度排序，将出现以下几种情况：

1. 短债续作难，风险补偿高。
2. 长债价格高，债务短期化。
3. 银行接盘债券市场。
4. 风险加大，市场恐慌情绪蔓延，继续出现新的永煤事件。

从目前情况来看，各方有表态，各种政策有反应，市场情绪相对缓和，但在极端情况下依然有出现新的危机的可能性。最有可能的情况是银行接盘债券市场，但银行接盘的条件也需要有充裕的流动性。如果银行在缺乏流动性的情况下仍要接盘信用债对应的企业债务时，就会迫使银行卖掉一些利率债，而对利率债的“误伤”会导致流动性进一步收紧，从而导致短期市场融资压力提高，最后将导致市场利率曲线变得更平坦，形势变得更紧张。所以如果银行出现流动性危机就会出现更多问题。

站在投资者的角度，购买信用债后，出现信用债危机后投资者会进一步考虑资产组合的配置。其实并不是所有的信用债都有问题,从整体来看,一方面问题债占比不大,另一方面经济正在逐渐恢复,2021 年经济形势会更好。2020 年许多信用债问题都是存量风险问题,未来投资者可以继续购买信用债,但是需重新调整预期,重新审视信用债中的核心资产。此外信用评级有时并不值得信任,因为市场一旦有风吹草动,债券信用评级便很快下调,当前信用评级方法是值得反思的。

此外,最近几年情况表明,当商业银行出现问题时,国有企业信用债也会出现问题。许多投资者还会怀疑城投债,从这种角度来看,过去埋的很多“地雷”,现在还没有被完全拆掉。从更广的范围来看,过去几年固定收益债券发展较好,如利率债和信用债,但由于信用债违约,固定收益债券整体将受到不利影响。

三、 合理看待金融危机

最后讨论一下我国不会出现金融危机的原因。面对金融危机,中国的疗法与国外是不一样的,由于没有先例,理解中国疗法的机制比较困难,因为不是将国外的做法复制过来。例如当国外遇到金融危机时,典型的做法是迅速使用惩罚性利率,即低利率,然后无限量提供流动性支持,这是一种止血疗法。但在我国社会主义市场经济的情况下,监管者使用放血疗法,但放血疗法如何做到一点点将风险化解,对于其机制,很多人还不是特别了解。

此外,为什么国外投资者不投资我国的信用债?因为国外投资者不懂我国的信用债,甚至我们自己也不完全了解。在这种情况下,如何更好地理解我国监管部门采取与国际惯例不同的做法,是非常重要的。另外,未来可以看到,一方面我国财政政策、货币政策比较稳定，政策展现出高度确定性（正常化）；另一方面宏观经济的不确定性（中期复苏前景不明），会加大资产价格的不确定性。两个前景综合考虑下，市场参与者应进一步提高警惕。

（本文是作者 2020 年 12 月 6 日在第四届横琴金融论坛上的发言，略有改动）

地方政府债务背后的行为逻辑

许志伟*

贵州独山县的地方债务问题让中国地方债务问题再次引起关注，地方政府为什么要发行债务，发债行为背后有什么样的决策逻辑，我们可以从经济学理论角度来厘清。

地方政府行为的本质是一个约束下的政府投融资决策问题。可以把每个地方政府看成是一个决策主体，在资源约束以及政府债务管理等各类政策约束下去最大化自身目标。再细一点，地方政府作为一个决策主体，GDP目标、环保目标、社会福利、就业水平等，都可以看成是地方政府的目标函数。政府面临的约束条件，第一个是预算约束或者说资源约束。第二个是融资约束，包括什么样的融资工具以及融资数量，比如说地方政府债务发行限额、地方政府融资渠道，等等。

与发达经济体不同，中国的地方政府债务行为，本质上会有中国特有的问题，因此不能简单借用西方的经济理论，因为有些问题是西方没有的，这是我国体制机制上的一些特点，具体表现为如下三个方面。

---

* 许志伟，上海交通大学安泰经济与管理学院副教授。

第一,中央和地方之间目标的差异。中央要权衡全局,不仅要看全国的经济增长,也要看金融市场稳定。地方政府只关注当地的经济发展、投资效率、社会福利等。上下两级目标不一致,就会产生激励不相容的问题,这是中央和地方纵向的问题。

第二,地方和地方之间的行为摩擦。各地方政府在作决策时,只考虑当地的目标,每个地方都这样,就会产生所谓的外部性。比如,我在搞基建时,不考虑这个行为会不会影响到你,这是第二个维度的问题。而且,该类问题会在区域间要素市场流动下,导致地方政府行为的外部性,因为各个地区本质上共享同一个宏观的要素市场。

此外,可能还会有第三个潜在的体制问题,即地方政府间可能会产生区域竞争。如果有竞争,那么地方和地方之间就会有策略互动。有策略互动就会有外部性,比如说一个地区的经济增速慢,那该地区的政府就会更有动力做公共投资,即便这类投资并不是全局意义上的最优。这样就会产生潜在的资源错配,比如说过度投资、过度举债等问题。

以上几个体制机制上的问题,会带来地方政府行为上的扭曲,进一步可能会增加地方政府债务风险。

数据显示,地方政府债务管理的改革,事实上还是很有成效的。全国层面的地方政府债务水平表明,如果没有 2014 年开始的债务管理改革,债务总量会急速上升。债务管理改革之后,可以看到有一个非常明显的拐点,债务限额能够有效地约束地方政府融资行为,这肯定和地方政府的考核是有很大关系的。

从实证研究的角度,2015 年执行的限额管理,肯定会显著影响地方政府的发债行为。所以我们以这样的政策实验讲讲限额政策怎么影响到地方政府的行为。这里主要是基于我们研究团队的一篇学术论文。我们从地级市的官方网站搜集了 2014 年到 2018 年的地方政府债务数据。研究地方政府行为，至少需要下沉到地级市的层面，才能谈地区间的竞争是否会影响债务公开，以及限额管理是否能约束此类行为。

主要发现如下：

第一，地方政府以 GDP 作为一个目标进行竞争，会对其债务产生不对称的影响。具体而言，如果一个地区的 GDP 增速显著落后于竞争对手，那么该地区会更倾向于发债，而且发债的力度会更激进（控制一些基本面因素后），但它基本面又很薄弱，从而导致有偿债风险。如果当地 GDP 领先别人，那么区域竞争对于债务的影响并不是很大。因此，落后地区反而更激进地发债，这是一个潜在问题。

第二，如果执行严格的债务限额管理，那么可以有效地遏制因为竞争导致的过度举债行为。然而，这样的约束体现为时间和空间上的不一致性。债务限额宽松的地区，即便有债务限额管理，地区间竞争还是会对债务扩张产生影响。

第三，时间维度上，债务限额管理的政策力度，在 2017 年以后有放松的趋势。数据的描述统计表明，限额严格的地方，效果非常明显，而宽松的地区增速很快。因此，宏观层面，地方政府债务增速快，主要是因为限额宽松的地方增长了很多。

最后，讨论一个地方政府债务管理中的重要技术话题——限额管理。中央政府在 2017 年出台的一个有关债务限额的文件中，明确给出了债务限额自上而下分配的公式，其中强调了债务限额分配的正向激励的原则，对于财政实力强、举债空间大、债务风险低、债务管理绩效好的地区多安排，并针对上述提到的影响限额分配的因素给出了详细的计算方法，除此之外观测不到的因素，如地方申请因素,同样也影响着限额分配。

上述内容是公式给出的分配方法,那么在分配具体执行的过程中是不是也是这样的呢？我们通过统计分析发现,当地的财政实力对债务限额的分配有着显著的正向作用;风险因素和债务管理因素则呈现倒U形非线性影响:对于风险因素较高和债务管理绩效较差的地区,会显著减少新增限额;债务限额的分配存在着区域的异质性,中部地区的管理绩效因素不显著,债务风险的影响在西部地区不显著。以上是债务限额在分配过程中可能存在的问题。

在分析了债务限额分配过程中可观测因素影响的基础上,我们进一步识别不可观测因素,即公式中提到的申请因素对限额分配的影响。通过对申请因素与各个地级市前一年的GDP增长率做回归,发现其仍然呈现倒U形的非线性关系,对于GDP增速较低的地级市,该地政府更有动机去争取更高的债务限额。以上分析表明,限额分配中的制度摩擦可能带来潜在的债务风险。

最后,总结一下,我们的研究表明,如果从理论角度去思考化解地方政府债务,需要从需求和供给两方面入手(这里的需求供给不是特指债券市场的供需,而是指地方政府对融资的需求,以及上级对下级政府债务配额的供给)。

需求方面,优化官员考核机制,可以减弱策略互动带来的外部性,降低过度投融资行为;供给方面,从限额分配的实证结果来看,我们要加强和优化定向的债务限额分配机制,在保持综合财力对限额分配的正向作用的基础上,充分考虑区域的异质性,重视债务绩效的管理和债务的风险对限额分配的影响,即针对中部地区应加强债务绩效的管理,西部地区应加强对风险的管控,避免因管理和风险本身导致的地方政府债务风险;除此之外,对于可能存在的申请因素,应当加以有条件的限制,在不构成较高债务风险的前提下,对于经济发展水平相对较低的地区给予适当的限额倾斜;另外由于大部分地级市没有对债务的具体流向和用途进行公开,以及公式中提到的"重大项目支出"在政府公开的财政预决算报告及报表中并没有具体的体现,所以应当进一步提高地方债务公开的透明度,减少因地方政府债务的用途不明确而导致的资源错配和潜在风险。

(原载经济观察网 2021 年 10 月 10 日)

数据资本究竟如何成为经济增长新动力

许志伟

数据作为一种重要的要素，现在正对经济行为和经济增长产生越来越大的影响。数据已与土地、劳动、资本、技术，一起成为当前五个最核心的生产要素。

中国数字经济发展白皮书显示，我国 2019 年数据经济体量是 30 多万亿元人民币，占 GDP 比重超过 30%。2020 年 IMF 预测我国经济增速 3.5%，而数字经济平均增速又非常高，这意味着数字经济在驱动经济增长方面非常重要。

从数据影响生产行为来看，它究竟如何促进我国当前经济增长呢？

首先，以数据为载体的无形资本和传统资本有一个最重要的区别就是非竞争性，即数据可以被多方使用，并且数据质量不会因为多方同时使用而受影响，比如，一个记录大众消费行为数据的表格，所有人都可以分析，而表格本身不会受影响，这就是非竞争性。

第二点不同于传统产业的重要区别是数据生成的边际成本非常低。比如，打车软件自动产生数据，数据生成初期可能会投入比较多，但是随后生成一单位新数据的成本会越来越低。

那数据资本如何影响企业的生产行为？其背后复杂的数学理

论简化来说，就是数据会生成知识，形成直接用来指导生产行为的信息，从而促进生产率，影响生产过程。

数据资产影响生产并促进经济增长的本质是内生增长理论。其核心机制是非竞争性和规模效应。比如，不同的单车企业有自己的用户数据，这些数据共享可以形成算法精确度的优化，改善服务质量。

规模效应是指利用数据促进企业提高生产率、提高产品质量，以吸引更多用户，产生更多的经济行为。更多的经济行为又会生成更多数据，再次反馈给企业，以此反复扩大，这就是规模效应。

非竞争性加规模效应，理论上可以产生内生的经济增长，就是经济自己内生的扩张，这是数据推动经济增长的核心机制。

数据对经济增长的影响那么大，那市场本身是否提供经济发展所需的数据资产呢？理论来说，数据产权归不同人所有就会产生不同类型的市场均衡，这些市场均衡会因为外部性导致市场失灵。

比如，企业拥有数据产权。那会出现两种情况，一是消费行为数据，企业作为使用者，可能会因为只关注利润最大化而过度使用数据。而且，单个企业分享自身的数据会培育潜在的竞争者，形成经济学上的创造性毁灭，所以企业没有足够的动力去共享数据。

第二种情况就是消费者是数据供给者。由于担心隐私泄露等问题，消费者往往没有足够的动力提供自己的数据，或者出于搭便车心理而不愿共享，从而导致最终消费者行为数据供给不足。

而此时，政府往往会起关键作用。

首先，政府作为数据拥有者，可以通过权衡效率与隐私，优化数据资产的配置。同时，政府还可以构建数据平台，并通过平台，有效解决企业出于竞争考量导致的数据供给不足的问题。比如，国家统计局每年对规模以上企业进行调查，构建了工业企业数据库。这一数据库非常成功，学者基于此进行很多研究，帮助政府了解现实，制定政策，发现中国企业行为的规律。这些科学研究结果再反馈给微观经济决策者，帮助他们促进生产。

其次，政府作为数据监管者同样很重要。因为强化数据监管，强化隐私的保护制度能够改善外部性导致的数据资产市场失灵问题。

数据资本能够带来机遇，促进生产，促进经济增长，但同时也会带来挑战。

机遇体现在中国的两个比较优势。首先，我们有超大规模的市场，意味着各类经济行为规模巨大，能够生成超大规模数据。

其次，强有力的政府有助于更好地积累数据资本，除了解决市场失灵问题，还能为数据资本的创造提供更好的基础设施。

挑战同样很多。比如，数据的安全性。典型案例是，通过数据生成的算法本身是中性的，但是算法的形成是基于整个国家的大规模个体行为，如果大家基于这个算法掌握整个国家微观行为的规律，那么很可能会影响到国家安全。基于这点考虑，2020 年 8 月，《中国限制出口技术目录》针对基于数据分析的个性化推送服务作了限制。国家安全问题限制了数据资本在国家之间的有效共享，这也是未来数字经济发展面临的一大挑战。

（原载《文汇报》2020 年 11 月 4 日）

如何解救困在系统里的外卖骑手？

——不确定性下的稳健优化算法

李　楠*

2020 年 9 月 8 日的一篇《外卖骑手，困在系统里》，在很多人的朋友圈刷屏。文章以一句"又有两分钟从系统里消失"开篇，剑指问题的症结在于外卖平台企业运用 AI 智能算法和大数据不断缩减外卖骑手的配送时间，导致骑手在差评和罚款的压力下不得不违反交规骑行，事故频发，甚至失去宝贵的生命。饿了么和美团两大外卖平台都在第一时间迅速反应，饿了么给消费者多等 5—10 分钟的自主选择权，而美团外卖则给骑手留出 8 分钟弹性时间。

如何解救这些困在系统里的骑手？饿了么和美团发表声明后的短短几天内，有多篇文章从不同的角度探讨解决问题的方法，包括行政监督、监管平台、激励机制、法律保障、人文关怀等。

但是又有更多人的反思，消费者的同理心能够解决问题吗？在算法中引入人文关怀如何操作？什么样的监管和行政法规才是可执行的？饿了么把平台与骑手的问题转嫁为消费者的"良心拷问"引起了消费者的恶评；而美团给外卖骑手一刀切式的"弹性 8 分钟"

---

* 李楠，上海交通大学安泰经济与管理学院副教授。

又可能让骑手订单量锐减，降低骑手的收入。每个人都看到了问题，但是找到一个合理的可执行的解决方案却很难。

既然是算法造成的问题，解决问题的关键应该还是算法

从经济学的角度来看，任何一个问题都是一个有约束的优化问题，实时智能配送系统计算外卖骑手的配送时间也不例外。该问题的优化目标是消费者的满意度、外卖平台的利润和外卖骑手的收入，显然配送时间越短，消费者越满意；单位时间内完成订单越多，平台利润越高，骑手收入越高，但同时成本也必然越高。

任何算法在寻求利润极大化或者成本极小化的过程中，不可避免地需要考虑到各种约束条件并设置多种参数，比如路面状况、高峰时段、雨雪天气、外卖骑手的工作效率，等等。如果说为了拯救外卖骑手，强行通过监管条例、行政命令、道德约束、人文关怀等来给外卖骑手多几分钟，这样不仅不能解决问题，反而会因为把更多的约束条件强加到算法中，把最优解变成次优解，降低平台的利润和外卖骑手的收入，造成更多新的问题。

如 何 破 解？

在算法中引入对参数和模型的不确定性的考量，设计出具有稳健性（robustness）的算法是解救外卖骑手出困境的关键。

近些年来，“不确定性”一词频繁出现在政策制定者、管理者和投资者的口中。特别是2020年初新冠肺炎疫情暴发以来，越来越多的人深深感受到了不确定性的增大对个人和社会的巨大影响。

但是面对不确定性如何作出最优决策却鲜见讨论。这是因为既然是不确定性，就是难以捉摸、难以预测、难以把握的，既然无法把握，那么如何能应对？

其实，我们每个人都有应对不确定性的直觉，中国的老话“不怕一万，就怕万一”，英文的谚语“Prepare for the worst and try your best.”都是说当我们面对不确定性时，应该在最差的可能性中寻求最优的结果，也就是“做最坏的打算，努力获得最好的结果”。以这样的思维做出的决策是具有稳健性，保证在最坏的情况下不出现灾难性的后果。如果外卖配送时间的算法能够考虑到骑手可能碰到的各种不确定性，在设计最优解法的时候，寻求在最差情形下的最优解，那么就能保证骑手即使碰到最恶劣的情况也能在规定的配送时间内完成任务，这样骑手就不会被迫“铤而走险”。

设计具有稳健性的算法的技术挑战在于，如何量化各种影响配送时间的因素的不确定性，并系统性引入带有约束的经济决策优化问题中。

不确定性下的决策科学和控制理论在机械制造等实际生产中的应用已早有丰硕的成果，在经济决策中的应用也在近些年也有了长足的发展。诺贝尔经济学奖获得者托马斯・萨金特和拉尔斯・彼得汉森为代表的经济学家从 20 世纪 80 年代就开始在经济决策中系统地引入不确定性的研究，得到了丰富的可以应用于解决实际问题的成果。

外卖平台的技术人员可以充分借鉴现有的研究成果，在算法中量化并引入对各种影响配送时间的因素的不确定性，即考虑在多种可能出现的情形中最坏的情景，例如，每一个红绿灯都需要等足全部时间，每一个电梯都需要等候最长的时间等，并在最差的情景求得最优配送时间，从而得到具有稳健性的最优解。

一般而言，具有稳健性的决策往往更为保守，也就是说最优配送时间会因为考虑到最坏的情景而被延长，但是具有稳健性的算法可以科学地根据不同订单的情况，在考虑到平台和骑手的经济利益的前提下，算出最合理的“弹性时间”，让骑手即便碰到最不利的情况也能在系统规定的配送时间内完成任务。这样得到的最优时间虽然可能会多几分钟，但是因其是考虑了消费者、平台和骑手多方利益的最优稳健方案，不需要通过强加额外的行政命令和道德约束，也能让利益相关各方乐于接受。

如果在作决策时，盲目地考虑最差的可能性，就可能作出过于保守的决策，这也是有成本的。为了减少过度保守决策的成本，可以基于不断累积的数据，更好地把握路线和气候等因素的不确定性对于配送时间的影响，例如，可以尽可能精确地估计红绿灯、电梯的最长等待时间，尽可能精确地估计不同时段、不同路段因雨雪天造成的最长延误时间，从而能够得到更好的具有稳健性的最优解，降低不确定性带来的成本，在保证不出现灾难性后果的前提下，进一步提高优化配置效率，提高消费者和骑手的利益。

“中国智慧”是不确定性下的稳健最优决策思维

对比“摸着石头过河”的中国特色市场经济的改革和苏联的“休克疗法”，对比中国和其他国家应对新冠肺炎疫情的不同措施所产生的截然不同的后果，我们都可以看出在面对不确定性时，在最坏的可能性下寻求最好的结果的稳健决策思维可以避免灾难性的后果。

随着信息技术迅猛发展，获取数据和计算能力的提升使得量化不确定性并且在经济社会中的决策中引入对不确定性的考量成为可能。无论是国家的产业政策和货币政策还是企业的管理决策和投资决策，都应该考虑到重要因素的不确定性，引入不确定性下的稳健决策思维，并且通过收集分析有效信息，充分降低不确定性，从而在避免灾难性的后果的同时，减小因不确定性而作出过度保守决策的成本。

（原载 FT 中文网 2020 年 9 月 22 日）

数字人民币是“特洛伊木马”吗?

李 楠 陈开宇 John Darwin Van Fleet①

随着中国人民银行数字人民币的试点逐步从深圳等城市扩大到北京、上海等城市,数字人民币成为越来越多的中外媒体和金融从业者热议的话题。国际清算银行(BIS)2020年底对60家成员国央行(包括G20国家的央行)的调查报告中称,“占世界人口五分之一的国家央行很可能将在未来3年内发行数字货币”。2020年11月高盛在题为《数字时代人民币再创造》的报告中推测,“中国处于数字货币发展的前沿,可能成为首批发行主权数字货币的国家之一”。

的确,中国人民银行早在2014年就成立了数字货币研究团队,并于2016年成立了数字货币研究所(Digital Currency Research Institute, DCRI)。经过4年多的研究,DCRI等3家相关研究机构已经申请了近100项数字货币方面的专利。2020年4月开始,中国人民银行逐步在多个城市进行了数字人民币(e-CNY)在封闭系统的内部测试,6家大型国有商业银行、3家电信公司、京东、支付宝、

① 陈开宇,上海市大治投资管理有限公司副总裁,上海交通大学行业研究院银行业研究团队外聘专家。

John Darwin Van Fleet,上海交通大学安泰经济与管理学院国际企业项目总监。

腾讯和华为等均参与测试。

但是，笔者同时发现，有不少媒体特别是西方媒体的报道对于数字人民币存在较多误解，有些甚至是恶意曲解，认为数字人民币是中国政府用于攫取支付宝等第三方支付机构数据的工具，是为了监控民众一举一动的“特洛伊木马”。另一方面，有人认为比特币等去中心化的数字货币是法定货币的自由市场化的替代品，是对抗因央行“放水”而产生的通胀的武器。

那么，数字人民币是西方媒体口中的“特洛伊木马”吗？比特币是逃避国家铸币税对抗通胀的“良币”吗？

中国人民银行副行长范一飞在 2020 年 9 月《金融时报》上发表的《关于数字人民币 M0 定位的政策含义分析》一文明确指出“数字人民币是由人民银行发行的数字形式的法定货币……主要定位于流通中现金（M0）”从准确理解这一定位出发，我们就能清晰找到西方媒体相关观点中的谬误所在，并回答上述问题。

一、数字人民币是数字形式的法定货币，而比特币只是投机泡沫

数字人民币是数字形式的法定货币，与美元、欧元、日元等所有国家和地区的法定货币一样，发行基础都是国家信用，这也正是包括数字人民币在内的所有央行数字货币（Central Bank Digital Currency，CBDC）与比特币等“数字货币”或者 Diem 等“稳定币”的本质区别。

1971 年 8 月美国政府宣布美元不再与黄金挂钩，停止以每盎司 35 美元的价格兑换黄金，标志着布雷顿森林体系的终结。从此以后，货币的价值不再由其可兑换的贵金属（黄金、白银）来保证，而

是来自该法定货币的发行者(如日本央行、欧洲央行、美联储、中国人民银行)所代表的国家信用。而国家信用也正是数字人民币的发行基础,从这个意义上来说,数字形式的人民币和纸币和硬币形式的人民币是完全等价的,都是流通中的货币即 M0,度量了货币作为商品交换中介的功能。

目前市场上五花八门的去中心化的"数字货币",从比特币、狗狗币到 Facebook 准备发行的 Diem 等"稳定币",与央行数字货币唯一相同的地方就只有"数字"两字。所有非央行发行的数字货币没有任何国家信用做保障,其币值的保障只是对传说中比特币的发明人中本聪提出的所谓全球自由流通货币的信仰,或者对区块链技术可能带来的价值的狂热追捧。

欧洲央行行长克里斯蒂娜·拉加德和美国财政部长珍妮特·耶伦都曾明确指出,加密货币的主要用途是支付非法交易赎金或者洗钱,而沃伦·巴菲特则表示,他很乐意购买整个加密行业的看跌期权。比特币、以太币、狗狗币价格的大幅波动更说明这类数字币其实是典型的投机泡沫,绝不可能成为对抗通胀的"良币"。

比特币这类没有任何基本价值的投机资产会经历一轮轮的暴涨暴跌,这或许能圆个别人一夜暴富的美梦,但是绝大多数的投机者必然会损失惨重。

二、中国人民银行率先研发数字人民币有充足的理由和充分的条件

中国有充分的理由和良好的基础,走在央行数字货币研究的前沿。对所有央行来说,发行和使用央行数字货币最大的意义在于降低现金的管理和维护成本。想象一下,如果把市场上所有的纸币和

硬币都换成了数字人民币，那么我们就不再需要铸币厂、大型实体金库，也不再需要那些荷枪实弹的运钞员和运钞车，这将节省一笔巨大的开支。根据欧洲央行的测算，27 个欧盟成员国的零售支付工具的社会成本约为 1 300 亿欧元，占 GDP 的 1%。

目前我国建立了庞大的系统用于现钞的发行、印制、存储、使用和回收，负担着巨大的运营成本和风控成本，其中包括：印钞厂、金库、现钞押运、点钞机、ATM 等各系统的大量固定资产投资，具备点钞识伪、印钞、金库管理、安全保卫等专业技能的大量人力资源，各环节同时还承担着的防盗抢、防损毁、防伪、反洗钱等风控成本。

随着中国零售支付领域现金使用比率日趋降低，继续维持这个耗费大量固定资产、专业人才和运营成本还承担着巨大风险的现钞体系，显然是不经济的。同时，2016 年以来，随着中国电商平台和支付宝、微信等第三方支付机构的迅猛发展，非现金支付体系日益完善，这构成了央行发行数字人民币替代实物现金必要的基础设施和保障。

目前中国流通领域的人民币绝大部分并不是以实物现金形态，而是以数字形式进入了社会经济生活。实物现金类交易量一直处于大幅度下降之中，未来现金使用占比还将继续下降。截至 2020 年 12 月，中国流通货币或 M0 总量为 8.43 万亿元，而 2020 年通过银行系统实现的非现金支付交易总额则达到 4 013 万亿元。

所以，中国人民银行率先研发数字人民币，顺应了数字化经济的大趋势，既有充足的理由也有充分的条件。

三、 数字人民币的核心特点

作为数字形式的法定货币，除了定位于流通中的货币，数字人民币还有两个核心特点，即可控匿名和双层体系的发行设计。

（一）可控匿名

现钞具有完整的匿名功能，这使得现钞使用者可以保留隐私。但现钞也因匿名功能同样有着携带不便、易丢失损毁，以及存在洗钱等犯罪行为的风险。

数字人民币可以通过独特的数字技术实现可控匿名功能，比如数字人民币设计“双离线支付”功能，即使两个用户都没有网络连接，两个用户依然可以使用智能手机上的钱包应用程序（App 钱包）或者独立的数字人民币硬件钱包直接支付交易。这种“双离线支付”功能，允许通过“数字人民币钱包”处理小额交易，保障了公众的隐私偏好，使得带有“数字人民币钱包”App 的智能手机和数字人民硬件钱包就如同带钞票和硬币的实体钱包，进入我们日常的交易活动之中，特别是能够在网络不好或者没有网络的地方实现无现金零售交易，让数字经济触达每一个角落。如果有了数字人民币钱包，那么登山者在没有网络的山顶也能用数字人民币买一个冰淇淋犒劳自己。

带有可控匿名功能的数字人民币既能满足公众对于隐私的要求，同时，又能发挥数字人民币在识别洗钱等大额非法交易的优势。

（二）双层体系的发行设计

所谓双层体系指的是货币发行途径，即数字人民币是由中央银行发行，通过商业银行系统传导到社会公众。这种双层体系的设计与现行人民币的发行途径是完全一样的。

现有金融体系中，商业银行通过接受存款和发放贷款创造广义货币 M2（度量了货币的储值功能），并将货币从中央银行传递给社会公众，进入社会经济生活之中。2020 年 12 月中国 M2 为 218.7 万亿元，是 M0 的 25 倍多，而这些 M2 主要是通过商业银行的贷款业务创造的。而数字人民币作为承担交换功能的货币（M0）也将以相同的路径发行，即通过包括商业银行在内的支付系统传导到社会经济生活中的各个层面，并非直接从央行发到社会公众手中。

双层体系的重要内涵是，数字人民币的发行并不会导致商业银行或第三方支付机构的“金融脱媒”。打个简单的比方，如果说商业银行支持的支付系统是经济主体的大动脉，那么第三方支付则是毛细血管，而流通中的现金或货币（无论是数字人民币还是人民币）都只是动脉或毛细血管中的血液，血液不可能脱离血管而单独存在。

另一方面，在双层体系中，货币政策主要是通过商业银行进行传导的，因此货币政策传导机制的效率取决于银行体系和整个金融市场的效率和现存的约束限制条件，而与人民币是否以数字形式存在并没有多大关系，就像身体里的血液是否能正常流动，取决于血管是否畅通，而与血管里流动的是 A 型血还是 B 型血并没有什么关系。

四、数字人民币不是用来监控所有交易的“特洛伊木马”

有外国媒体认为，数字人民币就是“特洛伊木马”，一旦使用，则社会公众的交易再无隐私可言，尤其是通过第三方支付机构交易的隐私就被中国央行全部掌握了。真是这样吗？

首先，根据奥卡姆剃刀定律，最简单的道理就是最合理的解释，央行发行央行数字货币能够节省巨大的零售支付工具的社会成本，仅凭这点就足以解释央行发行数字人民币的动机。

其次，所有通过非现金支付渠道的支付方式，无论是刷卡，还是扫码，理论上而言都是可追踪非匿名的，而中国央行发行的数字人民币所具有的可控匿名性，才是真正可以满足公众对于零售支付业务的匿名性的要求。

再次，通过第三方支付机构的交易并非金融监管的盲点。从2018年7月1日起，第三方支付平台的所有在线交易都必须通过中国网联清算公司(NUCC)平台进行清算，而该平台是由中国人民银行监管的。也就是说，目前第三方支付机构实施的交易量已经纳入人民银行的监管范围之内，并非西方媒体口中的“隐私”。

最后，第三方支付平台涉及的交易量只占社会总交易量极小部分。2020年通过中国银行系统进行的网上和线下交易总额达到8 195万亿元人民币，其中大部分是通过10年前建立的“大额境内支付系统”完成的，这个数字大约是通过支付宝等第三方支付平台总交易额的25倍。

为了监控已处于监管范围、仅占总交易额不到3%的第三方支付平台的交易数据，而大费周章地推出数字化货币，这不是“往山里搬石头”吗？这么荒谬可笑的逻辑恐怕只有自以为是的“中国阴谋论”者才能够想出来吧。

五、数字人民币的主要目标不是人民币国际化

虽然数字人民币与人民币国际化都是中国人民银行现阶段工作的重点，但是数字人民币的发展重点目前主要是推进在国内的使用，并非人民币国际化。

需要指出的是，数字人民币发行的主要目标并不是人民币国际化，而且人民币是否数字化也不是人民币国际化的决定因素。人民

币国际化的进程取决于中国在国际贸易体系的重要性以及贸易伙伴国对以人民币结算的接受程度，而这取决于人民币币值的稳定性和中国在国际贸易体系中的作用。

六、 数字人民币面临的挑战

尽管中国央行已经在数字人民币的研发上处于世界领先地位，但是在实体经济中发行并使用数字人民币仍面临着不少挑战。2020 年 10 月，央行数字货币研究所所长穆长春表示，已经发现有假冒的数字人民币。中国人民银行副行长李波在 2021 年 4 月 18 日举行的博鳌亚洲论坛上则表示，央行在多地进行的数字人民币试点中取得了不少经验，但推广数字人民币尚无具体时间表。

发行和使用数字人民币面临的最大的不确定性在于网络的安全性和可靠性。俗话说“魔鬼总是在细节中”，数字人民币的发行中涉及众多复杂技术和潜在风险，这就需要通过多场景反复试点，在正式使用前尽可能多地发现潜在的问题和风险，并找到应对之道。这就是中国央行在研发测试方面表现积极，但在设定发行数字人民币的时间表方面却表现保守的原因。这种追求稳健性的思维不仅对保证央行成功发行数字人民币有重要的意义，而且对于数字经济和金融体系数字化的建设也具有重要的借鉴意义。

（原载中国金融信息中心 · 新华社客户端
2021 年 5 月 9 日，略有改动）

研究对话

城市化道路若不坚决，会导致农民难以取舍

“中国很大，不过这个很大的国家，可以说只有两块地方：一块是城市，另外一块是乡村。”这是《城乡中国》开篇中的一段话。

中国经历了世界历史上规模最大、速度最快的城镇化进程。2019年，我国常住人口城镇化率首次超过60%，超过8.4亿人住在城市。快速城镇化的另一面是，还有5.6亿人住在农村，2亿人在城乡之间流动。

“十四五”时期，推进区域协调发展和新型城镇化、加快农业转移人口市民化、优先发展农业农村等，都被摆在非常重要的位置。即便如此，关于城市化和城市发展的争议仍然存在——

农民和农村是不是城市发展风险的蓄水池和稳定器？城市化是不是一定会出现贫民窟现象？农村的土地是不是农民的社会保障？……2020年11月29日，中国人民大学经济学院院长、教授刘守英和上海交通大学特聘教授、中国发展研究院执行院长陆铭，就以上问题展开了一场深入的线上探讨，希望厘清城市发展的观念障碍，看见中国未来的经济和社会发展趋势。

一、中国人口主体立在城，还是立在乡？

陆铭：关于今天的城市化和城市发展，有人担心城市发展是不是能够容纳很多农民，而且城市发展可能带来乡村的衰落；也有很多人认为保持一个相当大的农村人口和农村经济，是社会的一个“蓄水池”和“稳定器”。

特别是2020年整个中国包括全世界都受到新冠疫情冲击，一些农民工在城市失业回到农村，社会上就有观念认为幸亏还有农村经济这个缓冲空间。刘老师是这方面的顶尖资深专家，先来听听刘老师怎么看？

刘守英：这里面最核心的问题，其实是我们要一个城市社会，还是继续回到乡村社会？尽管中国城市化率已经超过60%，但我们的观念还带有很强的乡土性。中国经历了几千年的乡土社会，乡村是最后的避风港的想法根深蒂固。但是从现实来讲，我们一定要转变思维，一定要立场坚定，不断推进从乡村社会向城市社会的转变。否则的话，中国如何实现现代化呢？人类的现代化能在没有城市的情况下实现吗？

我们要明确，最终整个中国人口的主体到底是立在城，还是立在乡？从社会发展的基本趋势和中国改革开放40年来的经验来讲，这场转变对整个中国的经济增长、对整个中国人的生活的改善、对整个中国城乡面貌的改变，都是根本性的。所以我的一个基本立场，就是认为“只要把农民在乡村稳住了，这个社会就没有问题”“城市出了一点问题，就把人往乡村赶”，这是非常不符合规律的，也不是现代国家治理的思维。

一定要想办法使农民在城市留下来，这是整个社会稳定和发展的根基。城市是创造经济活动最主要的战场，不能靠乡村来支撑整个中国的经济和社会稳定，这种稳定是不可持续的。

陆铭：刘老师讲到一个观点我特别同意，就是现代化的实现来自城市经济发展，城市化是经济发展的必然结果。

刘守英：一个国家经济要增长、财富要增长，还是在城市。乡村是一个分散的、小规模的村社经济形态，人类史上没有哪个国家能靠乡村实现经济实力提升和经济现代化。

全世界的基本规律，无论发达国家还是发展中国家，最后一定是两个份额同时下降，即：农业占 GDP 的份额下降，农村占就业的份额下降。这是基本规律，不能违抗。

城市之所以成为整个经济活动的主战场，很重要的原因就是城市经济能够带来创新，能够带来知识集聚、思想交流，能够创造新的经济。还有就是城市形态是集聚的，能够实现规模经济。经济活动肯定是靠创新推动国家经济发展，这些创新的主战场肯定是在城市。

陆铭：我觉得有必要补充一些数据。今天中国的状态其实是，城市在经济中所占比重很高，但城市化率只有 60%。反过来讲就是，农村地区还有 40%的人口，但农业只占 GDP 的 8%，城乡之间收入差距很大。可能马上有人会问，农业难道不能现代化？如果全都城市化，难道大家不吃饭吗？农业怎么发展？

刘守英：农业经济占 GDP 比重 8%这符合全球规律，但我们现在三分之一的人还在乡村，还有将近 2 亿人在城乡之间流动，这成为中国整个结构转变中最大的反常，就是两个份额不是同时下降，这违反基本规律，也违反经济常识。

我们现在要做的，是要在农业占 GDP 份额下降的同时，使整个农业劳动力和人口占就业和整体人口比例下降，否则那么多人口在乡村，占有那么一点资源，劳动生产率低，技术进步无法推进，要素重组也没法推进，农业现代化就没法实现，乡村现代化也就很难实现，因为整个产业人口和城乡关系没有改变。

陆铭：我还想做点补充。第一，中国的农民在不断减少，但农产品产量其实是不断增加的，不能简单地把农产品产量跟农民减少挂钩。第二，很多人指望农村的现代化、规模化经营，但这要以农民减少为前提。第三，农民工进城以后没有就业怎么办？其实中国现在特别在沿海大城市地区，是劳动力短缺的。我曾经比较过不同规模城市的失业率，结果显示越大的城市失业率越低，而且越大的城市农民工失业率更低。

二、 贫民窟如此不堪，为什么还有人拼命往里挤？

陆铭：农民工大量进城以后，很多人担心会带来“城市病”，比如拥堵、污染，还有住房问题。住房问题又涉及两个方面，第一个高房价问题，第二个经常有人讲贫民窟，拉美、南亚等地区不少国家都面临贫民窟问题。

刘守英：实际上从20世纪80年代中期以来，一提到城市化，我们担心的主要是两件事：第一，担心人到了城市没有饭吃，没有人种粮食，这个前面已经讨论过了，不用担心；第二，就是关于拉美和南亚的贫民窟问题。对于这个问题，我觉得要非常理性地去研究。

贫民窟现象在世界城市发展史上，可能是一个注定要应对的问题。第一，整个城市化规律第一阶段是农村向城市转移，第二阶段是城市之间的人口流动，第一阶段农村相关政策会对贫民窟产生比较大的影响。第二，大量的人从农村进入城市，肯定会对城市原来的形态、治理产生影响。第三，人到了城市，城市最初在公共政策上肯定应对不了，因为原来没有这样的治理经验，包括健康、交通、卫生、住房问题等。

贫民窟之所以会产生，很重要的原因就是这三方面都存在公共政策供给不足。

第一，农村政策应对不足。我最近看到资料，拉美在贫民窟产生阶段和蔓延阶段，对整个农村的投资非常之少。农村教育也存在很大问题。我去墨西哥城，有一次开车去农村，当地农民就说中国非常重视教育，而当地农村没有受过良好教育的人涌进城市以后，人力资本很低，就业能力就受影响。再就是土地改革，拉美土地所有制过于集中，产生了很多无地的农民。

第二，城市政策不足。那么多人进来以后，拉美最初也没有提供社会公共住宅政策，而且在贫民窟产生初期，这些国家只是简单粗暴地清理贫民窟，实际上进一步造成贫民窟蔓延，很难得到改善。

第三，贫民窟的产生跟工业化模式也有关系。拉美国家采取大量进口替代政策，很难解决就业，整个工业化是资本密集型的工业化，而且主要集中在首位度最高的城市，像巴西、墨西哥都是大量人口往一两个城市集中，这也导致贫民窟现象的产生。

所以，贫民窟是从农村社会向城市社会快速发展的阶段性产物，也是公共政策应对不当的产物，可能是难以避免要付出的代价。

陆铭：我想补充的是，第一，在中国因为城市有户籍制度，把低收入人群拦在外面，可能避免了中国城市产生贫民窟问题，但很少有人会想这样做的代价是什么——就是导致农民没有办法进城享受工作机会、收入提高、公共服务，在农村他的生活质量会更差。而且，这在很大程度上导致中国农村出现巨大的“贫民窟”，这也是为什么我们今天要搞扶贫攻坚战解决农村贫困问题。

第二，刘老师前面也讲到，拉美、南亚等地方出现的贫民窟，实际上是由这些国家的特定制度背景导致的。世界上其他国家，比如东亚的日本、韩国的城市化进程，他们从低收入状态逐渐变成高收入国家，城市化进程推进到 80%、90%，但并没有产生贫民窟。也就是说，如果一个国家治理得好，贫民窟现象完全可以避免。

反过来讲，是什么原因导致发展中国家贫民窟现象的产生呢？2019 年秋天，我专门去秘鲁看了它的首都利马的贫民窟。

在秘鲁这个国家，城市有很多"公地"，就是公有土地。很多秘鲁农村居民进入利后马，就在"公地"上造很简易的房子。根据秘鲁法律，公有土地不能强制驱赶，而且人口聚集到一定数量，还可以要求市政通水、通电、通网络。于是很多农村居民就这样定居下来，这样贫民窟一旦形成就很难被化解掉。那么中国有形成秘鲁贫民窟的类似制度背景吗？显然是没有的。

不仅如此，我十多年前到印度考察过将近一个礼拜，看到印度公益组织帮助贫民窟改造升级，比如帮他们安装抽水马桶。所以即便在发展中国家存在贫民窟的情况下，社会组织的力量还在改善贫民窟的生活条件，而不是野蛮粗暴地取缔、拆掉，把人赶走。

刘守英：我觉得有必要再深入讨论一下，我去过墨西哥城、里约热内卢还有圣保罗，2019 年夏天还专门去看了贫民窟改造，我认为我们现在要思考几个问题。

第一，为什么在很多人看来如此不堪的贫民窟，大家还在拼命往这里挤？因为它实际上是一个改变命运的阶梯。刚才陆铭讲了，如果我们都"好心"地把农民困在农村，还能实现现代化吗？农民从农村往贫民窟转移，这实际上是一种向上的努力，他要寻求发展机会，要寻求身份转换，需要一个阶梯。

第二，现在国内对贫民窟的介绍还停留在最早期的阶段，我 2019 年去墨西哥城看新贫民窟，印象非常之深。很多贫民窟实际在做城市更新、在升级改造，还有大量的公共政策让区域合法化，进行权利界定，让当地居民有长期预期。很多公共政策的调整，实际上可以扭转早期不当做法造成的后果。拉美贫民窟都在改进，我们有什么理由不让农民进城呢？

第三，20 世纪 90 年代初至今是中国快速城市化阶段，跟拉美比较起来，我们没有出现拉美那么密集、没有准备的贫民窟现象。因为首先中国从来没有出现过“盲流”，这跟整个经济发展策略有关，中国出口导向型工业化就是要解决就业问题，农民进城就是冲着就业机会和更高收入去的；其次，中国农民进城，城市里的集体土地起到了很重要的作用，大量城中村、城乡接合部实际上解决了相当大部分进城农民的住宅问题和低租金问题；再就是刚刚讲的，拉美城市更新的主要战场就是贫民窟改造，这是值得我们好好研究的。

中国现在已经进入高质量城市化阶段，城市化速度降低，农村人口进到城市的规模也在下降，中国已经过了产生贫民窟的阶段，接下来关键是城市怎么对农民，而不是农民怎么对城市。

三、 城中村改造的核心是保持城市竞争优势

陆铭：关于贫民窟改造，现在中国非常接近的就是城中村更新。其实城中村与贫民窟有很大不同，中国城中村人口流动性非常强，不像拉美国家的贫民窟几代人住在那里，中国的城中村很多居民就是进城农民工或者刚刚毕业的大学生，住几年就会搬出去，这有很大不同。而且，在深圳、广州等地，已经在尝试对城中村进行改造，不是简单拆除，因为一旦拆除居住成本就会提高。

另外刘老师刚刚讲到的一点我觉得也非常重要，就是要看到贫

民窟，包括中国城中村给农民提供阶层跃升机会的功能。我前段时间到上海宝山区调研，这是上海制造业工人比较集中的地区，前两年当地拆除违法建筑，拆了很多农民工租的房子。这带来的直接结果是，两年左右的时间里，宝山区制造业工人的租房成本上升了30%。这30%的租房成本如果不补，就是工人实际收入下降；如果补，又会带动整个制造业劳动成本上升，导致企业竞争力下降，进而增加农民工失业问题，这是我们平常想得比较少的事情。

我2020年8月参加习近平总书记主持召开的座谈会，在会上专门提了一点，城市住房政策要增加对类似城中村低成本居住形态的包容性，我觉得这一点非常重要。

爱德华·格莱泽(Edward Glaeser)还在《城市的胜利》中讲到另外一个观点，就是除了就业机会，城市里还有很多公共服务。大家应该还记得，2020年疫情期间，一位东莞农民工在图书馆留言，因为找不到工作只能回老家，不得不跟图书馆说再见。东莞注意到之后马上给他提供了工作，这位农民工立马就决定不回去了，因为农村没有图书馆这样的公共设施。

在城市里面高收入者和低收入者居住在一起，是生态。当你看到城市里面的收入差距问题，我觉得我们城市能做的不是把穷人赶走，而是要把低收入者的公共服务做好，要让他们平等享受城市里的图书馆、公园甚至沙滩等公共基础设施，要让他们在城市里面拥有社会保障、失业保障，能够享受廉租房、公租房，才能把这些问题解决。

刘守英：过去整个中国城市生态实际上是"两片共存"，一个是政府主导的城市化，另一个是城中村的城市化。

这两片是呼应的，没有第一片就没有那么多土地收入、没有城市建设资金来源，没有第二片就没有那么低的城市化成本。所以在城中村改造、城市更新过程中，如果整个城中村改造政策出现偏误，会对产业发展产生致命的影响。

城中村改造的核心是什么？是保持城市的竞争优势，而不是把城市改造得只剩下高大的楼房、高大的市政设施、很宽的马路。

我们现在非常喜欢“高大上”，非常喜欢用“国际化大都市”这样的词，但哪个国际化大都市不是让各个阶层的人都能待下去？城中村改造一定要保证城市竞争优势，不能使进城农民工、城市产业工人的生活成本越搞越高。

另外，城中村改造一定要善待本地城中村农民，还有善待从外面住到城市的农民，这个城市才有包容性，城市才可爱，如果把他们当成需要治理清除的，最后伤害的是城市。

四、为什么农民在大城市打工，却在小县城买房？

陆铭：这里自然而然涉及土地问题。中国的农村土地改革一直存在很大的争议，有观点认为农村土地不能改，因为土地是农民的社会保障。还有一种观念，认为农村土地流转会导致大量农民失业和社会动荡。刘老师如何评论？

刘守英：刚才讲了很多城市问题，讲了很多乡村问题，都绕不开土地问题。为什么？

第一，讲城市，中国的城市化已经过了大面积扩张阶段，上一轮整个城市化基本上把城市的骨架搭起来了，接下来就是城市结构怎么优化，还有整个都市圈的形成，以及城市和乡村的关系怎么理顺等问题。

这些城乡关系面临的第一个重点问题，就是城市更新和升级改造。整个城市更新和结构优化，主要涉及两片区域。

一个是中国都市圈的形成，原来以行政主导的土地管理制度，自上而下配置土地指标，等级越高的城市，在土地指标分配上越占优势。现在从都市圈整个发展来讲，从特大城市一直到村一级，可能要重新进行功能划分。这些区域面临的直接问题，就是在都市圈内，国有土地和集体土地配置上能不能实现权利平等。从“十四五”时期开始，中国未来都市圈的形成，现行由行政主导的土地制度是需要完善的。

第二是城市内部结构优化，城中村、城乡接合部、城市延伸带这些肯定是“十四五”以后城市发展的主要区域。这些区域土地都是以集体土地为主，很多是存量用地，已经成为建设用地，不是白纸一张。这些集体土地如果采取过去的征地模式，征收成本非常之高，这对现行土地制度支撑过去的城市化模式提出了直接挑战。

第三，看乡村，如果整个乡村只是种粮食这么单一的经济活动，乡村振兴肯定没有希望。中国历史上的重要教训是什么？就是当整个乡村经济活动单一化，乡村就贫困，乡村经济活动只要一多样化，乡村就好起来。要实现乡村振兴，乡村经济活动就要多样化和复杂化。这样的话，乡村用地制度必须改革。

中国一定要适应未来都市圈的发展，适应整个城市的更新，适应乡村的发展，一定要适应这种变化作出大的改变。

陆铭：讲到这里我特别想找机会做一个调研，是农村人认为农村土地不能动，还是城市人认为农村地不能动？

刘守英：现在一定要搞清楚农民到底在想什么。我觉得必须明确的是，第一，从农业社会转向工业社会过程中，土地的经济重要性肯定是下降的，需要找到新的动力源，包括人力资本等。

第二，土地的代际观念差异非常大。中国“50后”这一代农民肯定觉得土地不能丢，乡村是归属；“60后”“70后”在中间摇摆；第三代就是“80后”，如果政策能让“80后”在城市留下来，解决“80后”的孩子的教育问题，“80后”就会把在乡村的人往城市拉；反过来如果城市的问题不能很好地解决，就变成“50后”留在乡村，“60后”“70后”不得不回，再把“80后”往回拉。

第三，社会保障是一个全面的公共政策，是每个公民与生俱来获得保障的权利。现在我们不能给农民提供有效的社会保障，但土地能给他保障什么？有一块地在那，他也不回去种，保障了什么？我觉得不能把权利和保障混在一起，权利和保障不能对等。

陆铭：这个我也特别有体会，比如城市里面有失业保障、养老保障，就业的时候交点钱，失业时候给保障；工作的时候交养老保障，老了拿退休金。农村的土地包括宅基地满足不了这样的社会保障。

另外关于农村土地能不能动的问题，在征地情况下，很多时候带有强制性，而且农民分享的收益并不高。当然目前已经在慢慢改变，在土地确权、在征地过程中给农民的补偿有所提高。但是大家想，为什么会出现征地对农民土地权利补偿低的现象，恰恰是因为在制度上，农民对土地的权利还需要更充分的保障。

如果农民有权利决定土地是否流转，有权利参与土地价格制定，这是对农民的赋权，要在制度建设上允许农民拥有权利决定能不能土地流转。

刘守英：你不想动是你的权利，你想动也是你的权利，现在问题就是农民权利的行使不充分，还可能乱动侵犯农民权利。

陆铭：很多人担心城市化推进以后，会不会导致农业用地下降？另外，今天在中国农村，很多人在城里挣钱回去盖房子，盖了空在那里不住，甚至房子没有盖完，先盖第一层空在那里挣钱回去继续盖，一步一步来。造好了很多房子实际上是空置的，占用大量宅基地。还有很多农民工觉得在打工的城市待不下来，就拿辛苦挣的钱到老家附近的小县城买房子，但买了房子也空在那里、没有租出去，自己实际上还是在城里打工。

一方面农民在城里打工，另一方面在小县城买房、在农村造房子，完了又往往空在那里。刘老师怎么看？

刘守英：实质上把这些现象串起来，就说明了整个中国未来的城市化道路问题，是城乡关系问题在土地问题上的表现。实际上这是由于我们在整个城市化道路上的不坚决，导致农民左右选择、难以取舍。

大家看现在农村有两个地方房子比较活跃，一个是镇上初中教育比较好的地方，另一个是县城高中教育比较好的地方，这两个地方房地产都非常活跃。这是因为农村的孩子没办法在城市享受基本教育，所以不得不把在城市挣的钱用来在镇上、在县城买房、租房。另外就是农村大量盖房，中国宅基地占地面积非常大，达到17万平方公里。

我们应该如何对待城市、如何对待乡村，如何处理好整个城乡关系？

第一，中国城市化不能再去占用优质耕地，在制度上要有明确安排，保障基本的粮食安全。

第二，中国粮食安全，还是要靠要素重组和农业劳动生产力提高，还有农业的规模报酬和农业专业化来解决。现在小规模农业改造的核心就是农民现在在农村占的小块土地、占的大量用来盖房的宅基地，这种状态要有所改变，使中国产业基地在整个乡村区域能够实现重组，形成未来比较优质的农业发展区域和粮食发展区域，这是中国粮食安全的真正保障。

第三，要解决农民在城市真正权利的实现，包括在城市的安全感问题、基本尊严问题，在城市的权利保障和实现问题。如果这些问题不解决，农民在城市得不到“托底”，中国乡村问题也解决不了。

所以我觉得很重要的就是要在“十四五”期间解决整个农民在城市的权利问题。农民在城市能够实现权利以后，宅基地占用问题能够得到解决，村庄重组也能得到解决，整个中国的人地关系就会重构，这有利于中国的粮食安全，有利于农业现代化。所以整个中国的粮食安全是整体的问题，是农民的权利问题，是城乡关系的问题。

陆铭：关于耕地的减少，我要补充一点数据给大家。表面上看中国城市扩张占了很多地，这里面有很多土地浪费，但是即便如此，由城市扩张所带来的农业用地减少其实真的不是很多。

中国真正导致耕地减少的，一是退耕还林；二是前面提到，大量农民在农村盖房子，有时候超标建设，甚至有点违法性质；三是中国消费结构变化导致农产品结构发生很大变化，比如原来种庄稼、蔬菜的土地，今天可能用来养鱼、养螃蟹或者变成牲畜用地。中国今天由于农产品消费结构变化导致种粮耕地的减少，是成倍于城市扩张所带来的耕地减少的，这个是以后再谈的问题。

（原载微信公众号“城市进化论”2020 年 12 月 1 日）

延迟退休如何精准施策？要灵活渐进有弹性，健全社会保障体系

2021年全国两会期间，延迟退休再次引发热议。3月5日，国务院总理李克强作政府工作报告时指出，实施积极应对人口老龄化国家战略，以“一老一小”为重点完善人口服务体系，推动实现适度生育水平，逐步延迟法定退休年龄。健全多层次社会保障体系，基本养老保险参保率提高到95%，优化社会救助和慈善制度。

延迟退休政策关乎着每一位劳动者的切身利益。为何要提出延迟退休政策？政策的制定要注意哪些问题？是否会造成年轻人就业的“挤出效应”？针对这些社会关心的问题，《劳动报》记者专访了复旦大学就业与社会保障专家、复旦大学经济学院教授封进，上海交通大学安泰经济与管理学院助理教授王洋。

老年人口连续上涨，社会养老负担加重

记者：3月5日，政府工作报告中明确提出，要逐步延迟法定退休年龄。在您看来，为何要推出延迟退休政策？

封进：中国的退休年龄是在 1951 年制定的，采取强制性的退休制度。但随着预期寿命延长、受教育程度提高、健康状况不断改善，以及养老保险制度可持续发展的需要，有必要延长退休年龄。

按照国际标准，我们国家 2000 年就进入了老龄社会。过去这 20 年间，中国老龄化程度是进一步加深的，这个趋势基本上不可逆转。一方面，人口预期寿命不断延长，2020 年已经达到 77 岁；另一方面，生育率一路走低。一些预测也表明，往后中国的人口会出现负增长。

除了人口老龄化，养老负担也比较重。有预测指出，到 2035 年养老金结余就会有问题，现在未雨绸缪，对不合理的参数进行改革是很有必要的。

延长退休年龄，对于缓解老龄化带来的劳动力减少以及减轻社会养老负担，有特别明显的作用。延迟退休年龄，相当于劳动力供给增加，对养老基金的平衡也有非常明显的效果。所以，各个国家实际上都在采用延迟退休年龄的政策。

王洋：提出“延迟退休”主要是为了应对我国当前人口结构变化趋势下可能面临的挑战。当前人口结构变化最突出的两个趋势是老龄化和生育率下降。在现行养老制度下，“倒金字塔”的年龄结构会对财政产生越来越大的负担。“延迟退休”能够缓解一定的财政压力，但在长期并不能解决根本问题。

从另一方面来看，中国的经济发展需要充分发挥人力资本的作用，退休年龄应当和劳动意愿、生产力水平、劳动价值周期相适应。和首次规定法定退休年龄时相比，我国的人力资本（如教育水平、健康水平）有了显著的提升。采用具有弹性的逐步退休延迟政策，可以更长地释放有意愿人群继续创造劳动价值的潜力，为经济增长提供动力。

延迟退休政策要灵活有弹性，不能“一刀切”

记者：如何理解“逐步延迟法定退休年龄”？延迟退休涉及3个年龄群体：原定退休年龄的60岁男性、55岁女干部和50岁女工人，如何针对不同人群精准施策？

封进：延迟退休延迟到多少岁要根据预期寿命、养老基金平衡，以及劳动供需来决定。我们国家目前的预期寿命与美国相近，而大部分国家的退休年龄是在65岁到70岁之间。所以，中国延迟退休年龄的空间还是比较大的。

但延迟退休这一目标是要渐进实现的。我认为可以先将女性的退休年龄延迟，比如说女性退休年龄从55岁延长到60岁。因为女性预期寿命比较长，受教育程度、人力资本状况是可以与男性比肩的。从性别公平角度讲，延迟女性退休年龄，也可以在职业发展方面给其更多的机会，因为，无论是雇主还是女性本人，都更愿意加大“投入”，毕竟，投资回报期延长了。未来，女干部和女工人在退休年龄上的差别要淡化。不过，这并不是在短期内就能实现的。

在具体操作过程中，可能是每年延长半岁或三个月，通过一个较长的时期实现延迟退休的目标。例如同样是延长5岁，如果每年延长半岁，需10年；每年延长3个月，则需20年。现实中一些国家或地区的做法是非线性的，所以，在很多国家或地区，把退休年龄延长5岁需要经历15到20年的时间。

王洋：我理解的“渐进式延迟”意味着延迟政策不会一蹴而就，而是逐步调整“延迟退休”的年龄，例如从延迟半年或者一年开始。除此之外，在适用范围上也可能进行弹性化、差别化的调整，不搞

“一刀切”。在整个过程中，需要及时调查掌握政策调整对人民生活、财政、就业的影响，充分倾听，谨慎评估，灵活调整，应对不同群体尤其是基层劳动者的诉求。必要时还应当配合其他激励补贴政策，在长期中逐步达到“合理”的目标延迟年数。

社会保障体系要健全，避免造成“老无所依”

记者：基层劳动者、体力劳动者担忧延迟退休较多，会不会带来“带病上岗”老年遭遇失业等新问题？

封进：我个人认为，退休政策应该更灵活。目前我国的退休政策是达到退休年龄办理退休手续，个人和企业的选择都比较少。是否可以在最低领取养老金年龄之上一定范围内有自主选择权。比如说，女性领取养老金最低年龄设为 55 岁，但可以根据自己家庭的实际情况，在 55 岁到 60 岁之间选择一个年龄退休，只要不早于 55 岁即可。

王洋：随着年龄的增长，基层劳动者、体力劳动者在劳动力市场上面临着众多的问题，也出现了职业后期缺少上升空间，甚至因为年龄被歧视裁员的情况。“带病上岗”、老年失业等问题的实质来源于劳动力市场，因此，解铃还须系铃人。从劳动制度的规范执行，到消除就业歧视，再到失业保障、促进再就业的政策支持，如果缺乏落实、保障、支持，那无论是否延迟退休，一些劳动者的生活都可能受到很大的负面影响。因此，“延退政策”要灵活精细，有差别、有温度。同时，健全多层次社会保障体系、优化社会救助和慈善制度也会极大地改善劳动者在未达到退休年龄前“老无所依”的状况。

延迟退休或影响生育率，应有配套政策支持

记者：目前，很多退休后的老人扛起了照看子女下一代的重任。延迟退休是否会间接导致女性推迟生育年龄，造成生育率低、新生劳动力缺乏？

封进：我们的研究发现，退休年龄会对女性生育年龄造成影响。在我们国家，0—3 岁的婴幼儿是家庭养育为主。女性会把自己的生育年龄与父母的退休年龄挂钩。所以延迟退休有可能导致女性推迟生育年龄，这样会进一步影响到生育率。

对此，政府要有配套政策，增加 0—3 岁托幼机构的供给，解决年轻家庭的育儿困难。否则因为父母延迟退休，子女推迟生育或者辞职，将影响生育率，造成新生劳动力的缺乏。

王洋：生育意愿的降低和生育率的下降与生养孩子的机会成本密切相关，“延迟退休”并不是决定生育的关键因素，影响也是有限的。从目前中国家庭的普遍情况看，“延迟退休”的实施如果过于刚性，可能会挤出“老”对“小”的照料时间，增加抚养成本，进而影响家庭生育决策，可能不利于社会人口结构的优化。因此，延退政策要渐进，要在法定年龄的基础上充分尊重个人意愿，避免“一刀切”导致的激励扭曲。

不会对年轻人就业造成“挤出”，个别领域或受影响

记者：延迟退休会对年轻人的就业带来“挤出效应”吗？

封进：这个问题要从宏观和微观两个层面看。经济学家几乎都

不认为会出现这种“挤压”效应。从宏观角度来看，首先退休渐进式延迟，多出来的劳动力不会太多。第二，现在老年人跟年轻人的人力资本结构不同，他们从事的工作很大程度上无法互相替代。比如，在数字经济、互联网经济领域，延迟退休带来的影响可能就不大。第三，延迟退休也可能提高老年人的收入，有助于提高他们的消费需求和消费能力，进而可能创造新的就业机会。

但是微观上，一些体制内、传统的工作可能就会受影响。从劳动者个人来讲，尤其是青年人、中年人要加强技能培训，不断学习、终身学习就显得更有必要。

王洋：我认为短期中这类担忧确实存在，但并不是不可避免的。在“一个萝卜一个坑”的情况下，“延迟退休”自然会把就业压力传导到年轻人身上。因此在“延迟退休”的同时，必要时应搭配一定的引导政策，让用人单位不必在新人和老人之间作出尖锐的取舍。

从长期的发展角度来看，就业的结构、形式、所需知识技能都在不断变化。伴随着经济的发展，市场对人才的需求是不会减少的，也会有更多适应年轻人的职业和就业形式出现。我们可能要更多地关注教育与劳动市场需求的匹配，促进劳动力的自由流动，以及完善落实劳动力市场规范。

（原载劳动观察 2021 年 3 月 7 日）

《变量 3》：欢迎来到本土时代

经济学家何帆有一个雄心勃勃的大计划，他决定每年写一本书，一共 30 本，记录中国从 2019 年到 2049 年之间的变化。他将这一系列的书命名为“变量”，通过大量走访，用田野调查的方法，为中国每一年的变化撰写一部“未来史”。

2021 年，《变量 3》与读者见面了。何帆将这本书的副标题定为“本土时代的生存策略”，他将大量时间和笔墨用于武汉调研，采访了医护人员、疫情患者、方舱医院的院长、居委会的基层人员，甚至还有当地的飞行员、清洁工人和桥梁建造者。在他眼中，2020 年国内最受关注的是新冠肺炎疫情，国外最受关注的是美国大选。但从历史的长视角来看，新冠肺炎疫情是一种对经济系统的外部冲击，不会改变经济的基本盘。美国大选只是一个序幕，后面的剧情会更扑朔迷离。

他认为，在“本土时代”，人们需要抓住五个关键变量：本土力量、本土网络、本土创新、本土意识和本土福祉。就《变量 3》的出版，澎湃新闻记者采访了何帆。

开放比想象中复杂得多

澎湃新闻：你在《变量 3》中提到，世界已经从全球化时代进入本土时代,怎么定义本土时代?

何帆:我们大致可以把新中国的发展分成三个阶段:第一个阶段是改革开放前,是一个自力更生的时代,即便是超过自己能力范畴的内容也要强行去做。

第二个阶段是改革开放时代,这时人们迅速转变观念,开始向别人学习,那时的流行词叫:向国际惯例接轨,当时的中国是一个非常好的学生,学习了来自美国、欧洲、新加坡等不同国家和地区的技术经验,使得社会治理和技术发展飞速进步。

第三个阶段就是现在的本土时代。为什么叫本土时代?因为在很多方面,中国没办法再向别人学习了。还有很多问题更复杂,我们原来认为的标准答案,并不“标准”。2020年最明显的例子就是新冠肺炎疫情,最初中国疫情暴发时,西方国家都认为是中国出了问题,后来发现情况完全和想象的不一样,新冠肺炎疫情出乎所有人的意料,怎么防治没有一个标准答案,这时只能自己去摸索。再往后,其实有越来越多的问题都没有标准答案,原来你认为是标准答案,现在来看,也不是完美的。

再去看未来我们遇到的挑战,比如说如何监管具备数据垄断权力的互联网平台公司,美国有Google、Facebook,中国有阿里巴巴、腾讯,它们和传统的石油公司、钢铁公司不一样,怎么监管它们?我们已经进入本土时代,要靠自身去寻找力量。本土时代的核心思想是,必须寻找自己内在的力量,然后解决前所未有的挑战和困难。

澎湃新闻:你在书里提到,从历史上看,2020年我们有三条道路可以参考,其中,罗斯福新政比较有参考价值。为什么这么说?

何帆:我们回溯罗斯福新政,直到1933年出现大萧条,罗斯福才推出新政。新政其实并没有找到完美的答案,而且罗斯福对自己的决定也是半信半疑的,当美国经济好转后,他推行的很多改革政策就自己取消了，因为他骨子里还是一个追求财政平衡的传统领导人。但是罗斯福新政给我们最大的启发是他说的一句话：不管干什么，我得先行动起来，不能停滞不前，坐等变化自己发生。

他的观点是：可能我的政策不是完美的，有矛盾的地方，但首先要做的是赶紧行动起来。所以我心中的“1933 道路”就是要抛弃原来的认知模式，行动起来。现在怎么办？只能是我们给自己想办法，我们还保持和国际的联系，但是最重要的事是稳定本国的经济、政治，把次序重新排好。罗斯福新政其实就是本国优先，在本国内部不断创新的尝试，我们现在也需要这样的尝试。

澎湃新闻：2020 年是艰难的一年，但也给一些行业带来机会，你认为这些机会在哪里？2020 年会给未来的商业社会带来怎样的影响？

何帆：其实从 2018 年到 2020 年这几年都是过渡时期，其中有几条长期的主线，是未来 5 到 10 年，创业者和投资者都可以去追随的。

第一条主线是进口替代。我们的商业逻辑已经出现了变化，全球化的时代是效率至上原则，一定要做到第一名，大家只跟市场上做得最好的人合作。这样的好处就是效率当然高了，但是坏处是对别人依赖的程度很高。

现在从效率至上的原则变成效率和安全并重的原则，这其实带来很多机会。过去企业在市场上生存的唯一机会是卖出去更多的产品和服务，现在也取决于它们在多大程度上能够给中国经济和中国企业带来安全感。当我们带着自力更生的思路重新梳理重要产品的重要生产环节，就会看到很多投资的机会。

第二条主线是万物互联。互联网正在从移动互联网转向万物互联，它背后的逻辑也会出现很大的变化。因为在移动互联网的时候,主要的应用集中在几个领域,如零售行业、通信行业、娱乐业,等等。移动互联网会有一个明显的核心节点。这个核心节点从硬件层面是智能手机;从企业层面,就是互联网平台公司。

无论是智能手机还是互联网平台公司,都像一个黑洞一样越来越大,因为手机会聚合许多功能,替代很多别的硬件。互联网平台公司也是如此,业务向各个领域蔓延,如今很多公司不跟它合作,就没办法生存。

但物联网时代,手机不可能去替代所有硬件,总不能把汽车装到手机里吧?我们只能研究怎样让手机和汽车之间能够对话,这时整个生态圈就会比移动互联网的生态圈要大很多,大家在这里很可能都能找到各自专属的生态位。所以未来万物互联的时代,无论是从生产还是生活,可能带来的影响都会比过去移动互联网时代大很多。

第三条主线和未来代际变化有关,年轻人的崛起会影响很多消费习惯。比如越来越多的年轻人更愿意选择一人食,吃完就走,甚至消费也不是非得去餐厅,这就会带来更多无人经济和一人经济。还有疫情期间在线上开会,线上协作平台也跟年轻人的很多偏好是有关的,年轻人更习惯云端式组织,他们在挑战原来传统的工业化企业:必须按时去打卡,按点下班。在我看来,实行 996 的企业都很愚蠢,它们没有找到很好的激励年轻人的办法,它们所制定的规则和年轻人的习惯相矛盾。

需要给年轻人更多支持

澎湃新闻:你在《网中网》中写到对卡车司机群体的观察,许多类似的工作繁重的职业群体,构成中国经济的底层血脉。但也如你所写，95%的卡车司机不愿子女再干自己这一行，年轻人趋向于去找那些可以“坐办公室”的工作。那么未来这些类似卡车司机的苦活累活，将由谁来承担？如果年轻人都不愿意做的话，这对中国经济的未来会是问题吗？

何帆：这个问题提得非常好，这是一个大问题。现在中国是制造业大国，是因为还有人当工人。到了下一代，很可能都不愿意当工人。工人很苦，自己要把自己变成机器上的一个螺丝钉，年轻人不愿意做很正常。像卡车司机这样的服务行业也是，这种脏活累活大家不愿意去做，最后会怎样？就会慢慢地被机器替代。很可能未来无人驾驶技术应用后，第一个被替代的工作就是卡车司机。现在工厂里面，很多环节已经机器替代劳动了，以后这种替代会越来越多。

这就带来一个问题，中国现在整个产业结构必须要从以制造业为主，转变成以服务业为主。这个转变，不是为了维持中国经济的高速增长，因为经济增长是靠技术进步，技术进步主要是来自制造行业。所以当一个国家从制造业为主转变成服务业为主的时候，其实经济增长速度是会放慢的，发达国家都是如此。

但中国经济会变得更稳定，因为服务业能够提供更多的就业岗位。现在中国的服务业，无论是高端的还是低端的，发展都不够充分。这会带来转型时期的困难：未来可能不需要那么多卡车司机，但未来养老行业会需要大量的服务人员；未来工厂的流水线上可能不需要那么多工人，但未来的医院里需要更多护士，养老院需要更多护工。现在不培养，以后怎么办呢？以后就会突然出现大量的工人失业，但同时大量的养老院招不到合格的护理工人，那时候就很麻烦，所以这是转型之痛。

在转型过程中，我们要有对应的规划，这是 5 至 10 年内亟待解决的问题。我们要在这个时间窗口,尽快地把转型过程中可能存在的问题解决。不仅是底层,在中高层也一样,现在整体就业状况是不错的,突出的问题是大中专毕业生、高校的应届毕业生就业的情况不好。这是因为大学生毕业后并不满足于工人的工作,还是想去当白领,但因为中国的服务业发展还不充分,所以能提供的白领工作不够。这不仅会带来经济问题,还可能带来社会问题。

澎湃新闻:说到白领的工作不够,2021 年一个热门词是内卷,仿佛无论在什么领域都有内卷,你觉得当代年轻人有没有什么办法可以应对或是摆脱内卷?

何帆:我也不明白为什么内卷突然变得这么热门,和过去黄宗智讲的内卷化好像不是一个概念。但无论如何,这反映出来大家的一种焦虑,在经济增长速度放慢的时候,贫富差距反而进一步地拉大,之后就会带来社会阶层进一步的板结化。这在经济学层面称为"了不起的盖茨比"曲线:收入差距越大的经济体,社会流动性也会越差。了不起的盖茨比想方设法去实现阶层的跃升,尽管挣了非常多的钱,但最后还是被上流社会所鄙视。这是一个悲剧故事。

所以,当下大家对内卷的热议,可能是一个信号,表示中国现在最重要的问题已经不仅仅是经济增长了,收入分配也变得很重要。怎样能够提供给年轻人更多的机会?不能只靠年轻人的自我奋斗了。在经济高速增长时期,将一个人的失败归结于自身没有努力奋斗,是能够说得通的。但在经济低速增长时期,就不单纯是个人奋斗的问题了。

从企业层面,需要企业调整一些理念,如果还是 996,还是让员工的劳动时间过长,到最后员工的工作效率和效益肯定不高。只有一心一意地,在企业内部建设合理的模式,未来才会是可持续的。这听起来好像和企业追求利润的目标相矛盾,但社会环境已经变了，只有一心一意地在企业内部建设合理的模式，给员工提供更好的福利条件，员工才会认同这个企业，企业才能够吸引到人才。

从政府层面，整个国家的政策也要调整，必须在政策上对年轻人提供支持。怎么支持？就是要大力发展服务业。发展服务业，机会才会更多，年轻人才会对未来有希望。一个宏观观察者，会把年轻人的这种抱怨当成一个探测器，看他们的抱怨在什么地方？这就是一个信号，要按照这个信号去调整很多企业、机构、政府的行为。

澎湃新闻：最近很多互联网巨头进军社区团购，引发了很大的争议。也有媒体评论称这些公司“不要只惦记着几捆白菜的钱”，对此你是怎么看的？

何帆：社区团购的影响很大。我也调研了一部分做便利店的人群，他们确实感到压力很大。互联网公司入场之后，从成本到渠道，便利店都没有竞争的优势，但是这并非说明这些便利店没有机会：哪怕是做社区团购，最后总得有一个取货点，这时候这些“夫妻老婆”店，因为和小区居民的情感联系很密切，就能马上和互联网公司对接。

所以，社区团购的未来，关键在于能否真正成为一种社区需要的“陪伴经济”。不是要用更便宜的价格卖东西给居民，而是塑造人和人之间的信任，这才能够变成一个社区需要的经济。就是像美国城市学家雅各布斯写的《美国大城市死与生》中提到的那样，好的社区，沿街有很多小商小铺，作为社区的“眼睛”，不仅买东西方便，而且整条街道的社会治安都会好转，大人就会放心让孩子们在路边上玩耍，因为附近会有认识的人看着。

我们现在也开始具备一些陪伴经济的条件，我发现有一些比较有意思的趋势。在疫情期间许多房地产中介在做社区物业的工作，只有用陪伴的方式、真正建立社区的方式去做，才能够抵抗这些互联网平台公司。因为互联网平台公司只是有渠道,能把成本降下去,但没有办法提供这种特别人性化的陪伴的服务。而且人性化陪伴的服务必须在社区,和居民有这种天然的亲和的联系,才能够把它做起来。

中美年轻人的交流将更顺畅

澎湃新闻:你说到年轻一代自发形成的本土意识,那么年轻一代的这种自我意识,将如何影响中美关系呢?

何帆:这是一种很正常的情绪。其实每个人内心都渴望归属感,希望找到一种自我认同:我是和谁在一起的?

现在的年轻人越来越主动地谈集体主义、爱国主义,并且能找到许多知音。现在的年轻人能更坦然地去讲自己的一些真实情感。

同时,外力的各种影响,也强化了我们的自我认同。

至于目前中美关系最重要的影响因素,我觉得还不是这些年轻人,而是中美之间的相对实力的对比。因为美国从未遇到过一个像中国这样跟它不同,又这么强大的国家,所以它需要很长的时间去调整自己的心理。

其实中国就是中国,变不了美国,双方需要大概10年左右的时间才能完成这样的互相磨合的过程。也许年轻人会使得这种磨合的结果更好一点。因为在美国的年轻人也在变。美国现在的年轻人,与婴儿潮一代——就是特朗普这一代相比,基本上没有冷战思维的包袱。现在蓬佩奥讲的那套话语,对年轻人没有吸引力,他们无法理解。

而中国的年轻人思想也很开放,他们见的世面,比上一代中国人多很多,开放包容的意识也比上一代强,并不是大家认为的狭隘民族主义。我接触到的包括在美国常青藤学校受过良好西方学术训练的年轻人，他们对中国的认同，同样远远超过上一代知识分子，所以不用担心他们会变成极端的民粹主义。等到这两批中国和美国的年轻人慢慢登上历史舞台，我觉得他们的交流，会比现在的交流更顺畅。

澎湃新闻：你在书中有一段精彩的比喻："政策决策者犹如设计桥梁的工程师，政策执行者犹如修桥的建筑工人，受到政策影响的普通人，就像是过桥的人。当桥修好之后和桥共存的，就是过桥的人，桥梁的真正生命是被过桥的人赋予的。"你当初是怀着一种怎样的想法写下这段话的？

何帆：我在武汉采访了很多桥梁工程师，本来只是想写武汉的桥，但后来发现了桥的象征意义。桥梁工程师说，他们其实像农民一样靠天吃饭。在长江上游或者下游修桥，当地的水温地质条件都不一样，所以每一个参数都不是算出来的，都是经过经验积累出来的。

对桥的理解，也象征我们对社会运转的理解。理解社会运转，至少要理解三个角色。首先是决策者，我们得去理解决策层如何考虑，比如说要符合中国国情，大概要一个什么样的蓝图；其次是执行者，包括基层干部等。在决策执行的过程中，他们也会遇到很多约束条件和困难。而归根到底，要理解政策的承受者，是他们决定了这究竟是否是一个好政策。

建筑师会按照自己的意愿去设计一个建筑。可一旦建成之后，决定建筑好坏的就是使用建筑的人；房子建成之后，是住进这个房子的人；建了图书馆之后，是进图书馆的人；这些人决定了建筑师的建筑到底能不能够流传下去。

盖房子的人、建筑师和住在房子里的房客三者之间的关系，是一个很辩证复杂的关系。当我写到武汉的时候突然想到，其实桥梁工程里，设计师、修桥的人和走在桥上的人也是这样的关系。从这个角度我们可以去理解社会中的互动。

澎湃新闻：目前你对《变量 4》有什么计划，会从哪些方面着手去写作呢？

何帆：《变量 4》现在已经开始准备了，有一些 2020 年没来得及调研的企业，2021 年已经列上日程。我早就想写中国的老龄化问题，这是决定中国未来的一个慢变量。2020 年因为疫情，我到了武汉，就去看了几个养老院，但没有看得太多，2021 年我想去找个养老院住十天半个月，体验一下老年人的生活。

我还想从无人驾驶这个案例入手，看一看技术进步到底有什么路径。在无人驾驶领域一直有路线之争，一派说要先做出智慧的车，另一派更强调先去修智慧的路，有了智慧的路才能够有智慧的车。过去经常有这种路线之争。像高铁曾经有磁悬浮派、轨道派、轮轨派。这时技术演进的路径是如何决定的？这也是我想去讨论的问题之一。

还有一个问题是大国的腾挪空间。中国这样的国家腾挪空间很大，我们 2021 年可能想去一些地方，比如云南、西北，想去看看落后的地方发生了什么变化，包括问问去偏远地区扶贫的干部，他们有什么感受，有什么变化？我觉得这个变化是双向的。贫困地区和远方联系起来有了变化，同时这些下乡干部到了贫困地区后，也发生了变化，我想去看看这种故事。

（原载澎湃新闻 2021 年 1 月 28 日）

楼市调控重点应回归供给端，租售同权的障碍在于教育资源

2021年3月12日，新华社全文播发《中华人民共和国国民经济和社会发展第十四个五年规划和2035年远景目标纲要》。《纲要》指出，“坚持房子是用来住的、不是用来炒的定位，加快建立多主体供给、多渠道保障、租购并举的住房制度，让全体人民住有所居、职住平衡……稳定地价、房价和预期。”

《纲要》重申“加快培育和发展住房租赁市场”并强调“逐步使租购住房在享受公共服务上具有同等权利”。同样全文发布的《政府工作报告》也强调，要解决好大城市住房突出问题，尽最大努力帮助新市民、青年人等缓解住房困难，并对租赁住房作了较大篇幅表述。通过发展租赁市场来缓解大城市住房困难，或将成为下一阶段住房政策的重点。

导致大城市房价高企的结构性问题有哪些？2021年楼市调控会否升级？租赁市场发展面临哪些困难？实现“租售同权”还需攻克哪些障碍？

聚焦以上问题，上海交通大学安泰经济与管理学院特聘教授、中国发展研究院执行院长陆铭接受了CF40研究部访谈。

问题 1：2020 年底以来，楼市调控政策明显趋严，并普遍聚焦于从银行金融机构的层面遏制投机炒房。如何看待从银行层面调控房地产信贷的作用效果？

陆铭：我个人认为，还是应该更多地从供给侧的角度来解决楼市价格上涨的问题。应该看到，中国房价高企的现象，以及 2020 年以来这一轮房价快速上涨的现象，均主要发生在少数的大城市。而造成上述现象的本质原因，是大城市长期以来处于楼市供应严重不足的状态。

在楼市供给短缺的情形下，如果过于从需求侧的角度出台政策进行调控或限制，只会把已被压抑的需求进一步地往后拖。

一般来讲，限制贷款的措施对那些能够全款支付房款的阶层影响不大，但很有可能导致购买力本就不强的真实刚需受到压制，使得本就缺乏支付全款能力的中间阶层的需求受到抑制。

当前，在少数房价上涨速度较快的城市，从需求侧出台的限制政策已经非常严格，已从居民户籍身份、家庭持有套数等许多角度对购房需求进行了管控。但需注意，如果不加大力度解决供给侧问题，仅仅从需求角度遏制房价上涨，最后的结果很有可能是，表面上看房价上涨的势头被遏制住了，但其实并没有真正实现居民福利的最大化。

近期部分城市对于房价上涨现象出台了更为严格的调控措施，但坊间也相应出现了各种各样的办法，去规避对购房需求的管控。由此来看，部分管制需求的政策并没有真正解决住房短缺的问题，市场还在以各自的办法来寻求真正的平衡，这一点希望管理层能够注意到。

问题 2：与 2020 年相比，2021 年是否有支撑楼市持续升温的宏观环境？“一城一策”“三道红线”“房地产贷款集中度管理”之后，楼市调控升级会否继续扩围？长远来看，如何完善房地产金融管理长效机制以实现“稳地价、稳房价、稳预期”？

陆铭：影响2021年楼市走势的首要宏观因素，就是过去一段时间以来较为宽松的货币政策，和由此引发的通胀预期。

在经济实际增速出现下滑的情形下，不论是从真实刚需的角度还是从投资需求的角度，大家都将房地产市场作为规避物价上涨带来的损失的重要手段。

影响2021年楼市的另一方面，就是前面所讲的供需关系。

客观来看，人口向着少数大城市及其周围的都市圈集中的趋势将会长期存在，但这些大城市及周边又存在着长期以来的供给侧问题，包括对于建设用地总量的管制非常严格、住宅用地的供应严重不足、有些地方还存在着对于容积率的严格管制等。

上述因素的影响之下，供给端的多重管制和需求端的快速增长之间完全不相匹配，自然就会导致部分城市房价快速上涨。

如果在这种情况下对这些城市的住房需求进行打压，又会使得这些需求被挤压到其他城市，最后可能就会出现不同地区之间的房价轮番上涨的局面，这对于实现“稳地价、稳房价、稳预期”而言无疑是不利的。

由此，我认为应该下定决心，加快在人口持续流入、经济发展潜力较大、房价上涨较快的部分城市增加供应的步伐，以此修复市场预期，从而真正解决问题。楼市调控会否升级的事情，在我看来就完全取决于管理层对于这一问题的决策思路。

除此之外，伴随着中国经济社会的高质量增长，应该进一步扩宽企业和居民的投资渠道，这样才能真正减少那些具有投资性质的购房行为。

但不管怎么样，限制贷款、按照户籍身份限制购房等通过压制需求来实现管制的调控措施，在我看来只是一种扬汤止沸式的办法。

问题3：继2020年底的中央经济工作会议后，2021年《报告》再次强调“解决好大城市住房突出问题”，您认为导致热点城市房价高企的结构性问题有哪些？如何针对性地缓解其住房供求关系偏紧的状态？

陆铭：从2020年开始，中央层面开始强调“解决好大城市住房突出问题”，并且从供给端着手解决大城市的住房矛盾，我认为这已经体现出了决策层的思路转变。但是，增加大城市的住房供应是一个需要从诸多方面合力解决的问题，我认为至少存在以下几个层次。

首先，增加建设用地总量。在一些重点大城市，建设用地总量受到非常严格的控制。这一问题在数据方面也有体现，有些大城市的土地出让数量连年下降。

与此同时，部分大城市内部的土地出让结构也出现了很大问题，真正投入到居住用地的土地占比并不高，大量用地都用在了工业用地和商服用地上。

在有限的居住用地上，许多城市还存在着很严格的容积率管制，进一步限制了土地开发利用的效率，或者说限制了土地转化成住房供应的数量。

还有一些城市，在前些年由于各种各样的原因，对一些实际上承载着居住功能的房子进行了拆除和整理，这也缩小了一些相对低成本的住房供应。部分大城市也对群租房采取了严格限制。

诸多因素之下，大城市呈现出住房供给增加完全跟不上需求增加的现象，且政府提供的公租房、廉租房数量也远远不能满足需求，在空间和配置方面都存在不足，中心城区尤为短缺。尤其是廉租房，基本上是以覆盖户籍人口为主，必然无法满足大量流入的“新市民”的住房需求。

由此，如果想要解决住房短缺问题，就要出台“组合拳”，从总量和结构两个方面来增加供应，例如加大土地供应（特别是租赁房的土地供应）、放松对容积率的管制。尤其是在租赁住房方面，既要增加政府的公租房、廉租房供给，又要增加市场供应。在不影响安全的情况下，也可以允许一些低成本居住形态的存在，多管齐下地提高住房供应。

需要注意的是，在一些重点城市，一方面住宅价格持续攀升，但另一方面，城市之中部分工业用地、商业用地却呈现出低效率利用的状态。

对于这种结构性问题，应该从制度上进行调整，加大物业（住房）结构调整的灵活性，让一些利用率低甚至闲置的工业用地和商业用地，能够向居住用地转换，这一点也非常重要。

问题4：“租赁住房”在《报告》与《纲要》中均占有较大篇幅。《纲要》明确，“以人口流入多、房价高的城市为重点，扩大保障性租赁住房供给，着力解决困难群体和新市民住房问题”。

在您看来，租赁住房能够在多大程度上缓解“困难群体、新市民、青年人”等的住房矛盾？如何结合市场需求推出多样化租住产品？

陆铭：我认为，租房市场发展的关键，是要形成多层次的租赁住房供给——既有政府提供的，也有市场提供的。

在政府提供的租赁住房之中，既要有相对来说品质较高的、与市场租赁住房的质量接近的公租房体系，也要有相对来说配置较低、价格大幅低于市场的廉租房体系，来满足不同收入水平人群的租住需求。

市场方面，也需要建设大量租住类型的住房。事实上，一部分商品房在进入市场以后，也已经转化为了租赁住房市场上的有效供给。

我们能够看到，在市场上存在着一些老、旧、小的房子，也能满足相对而言低收入阶层的住房需求，甚至一些城市里还存在着城中村，事实上就发挥着满足大量低收入阶层住房需求的功能。与此同时，部分城市外围的一些集体建设用地上形成的住房也在入市，形成了租房市场的供应。

一些城市针对青年人的住房需求，将部分老旧楼房综合改造成了青年公寓，通过适当压缩居住面积来实现降低租金，并且配套建设了大量的公共空间来满足青年人的社交需求。这类青年公寓的形式，能够满足青年人的特定需求，也成为健康的多层次租赁市场的组成部分之一。

只要理解了住房需求的来源以及多元化需求的形态，就能够找到相应的政策来形成多元化的供给，以适应不同人群的多元化的需求。

特别需要强调的是，在大城市的"新市民"里面，有相当一部分群体的收入水平还是比较低的，他们的收入水平只能支撑他们通过群租的方式租住在品质较差的住房之中。我想，只要他们的住房能够保证安全性，目前大城市还是要对这样的居住形态增加包容度，不能一味地拆除或者打击，否则只会挤压这部分低收入群体在城市里面的生活空间。对于这一点，我想特别呼吁一下。

问题 5：哪些因素限制了租赁住房市场的建设发展？

陆铭：除了要增加租赁住房供应总量、城市管理要包容一些低成本租住形态之外，租赁住房市场本身也有很多不规范的问题。

比如，长租公寓这个形式在国内还不是很普遍，大家普遍认为"租房子"的状态不够稳定。一些发达国家对于租客和房东之间的租住合同设定了明确的管理措施，能够促进长期合同的形成，以此增加租房的稳定性。

从合同的规范性来看，对于房东权益的保障力度也还不够。在一些发达国家，租住合同会对租客行为作出严格限制，例如租客退房时要打扫卫生并恢复原状，如有损坏要做出赔偿等，否则就要面临租金扣罚。在我国，虽然也有这方面的限制，但总体来看租客行为还是不够规范，导致房东往往希望通过提高租金来规避风险。

诸如此类的细节都会对整体上的租金水平产生影响。所以，租房市场的规范需要政府管理与市场秩序等各个方面共同的努力建设。

问题6:《纲要》指出，“完善长租房政策，逐步使租购住房在享受公共服务上具有同等权利”。在您看来，租赁住房在享受公共服务方面还存在哪些短板？实现“租售同权”还需攻克哪些障碍？

陆铭:从我国现状来看，买房和租房的最主要差别，其实就体现在公共服务方面，这里所说的公共服务主要是指教育资源。

现在各级城市里面仍然有着“学区房”的概念，即资质较好的中小学在录取顺序上，是拥有相应学区住房所有权的排在优先位置，租房的要往后排。

未来想要真正推进租售同权，就要使“租房子”和“买房子”在孩子入学的问题上具有同等权利。

这样的操作也会缓解房价和租金之间的巨额差距。实际上，学区房房价里包含了孩子上学的“学费”，在经济学里面，这种现象被称为教育质量的资本化。如果未来租房的人也能够享受到同样的教育权，那么房价里面的这部分“学费”就会逐渐转嫁到租金上，那么自然地，学区房的租金就会产生一定上涨。

推进租售同权的障碍，我认为实际上就是“利益”二字。对于已经买了房子特别是买了学区房的人来说，租售同权的推进会使得学区房的售价受到一定影响，这在他们看来无疑会损害自身利益。

事实上，中国许多领域的改革都会碰到这样的硬骨头，都会涉及一些利益调整，但整个社会的发展建设只能是朝着公共利益最大化的方向去努力。

那怎么办呢？如果想要逐步化解矛盾，未来只有投入更多教育资源，大力改善教育质量，并且注重推动优质教育资源更加均衡地分布。也只有这样的一些办法，能够帮助化解上述矛盾。

问题 7:《报告》明确 2021 年新开工改造城镇老旧小区 5.3 万个，较 2020 年提高 36%。老旧小区改造规模庞大又涉及民生，如何形成有效的商业模式和开发理念？

陆铭:我认为老旧小区的改造大概分为两种类型。

第一种类型，是改造以后的小区仍然以实现基本的居住功能为主。

这种类型的改造又可分为两种形式，一种是纯粹的公益型改造，主要投入政府资金，带有社会保障性质，面向一些低收入群体和低收入社区。如果这类改造遇到了难点问题，主要依靠社区的协商解决。以小区小高层楼房加装电梯为例，要尽量避免由于个别房东的不配合、不愿意而影响整体项目的进程。

另一种形式是针对相对而言收入更高群体的小区改造，需要政府补贴一部分资金，居民也要出一部分钱。同样以加装电梯为例，由于改造后的福利、便利是由居民获得的，这类改造可在居民自愿的情况下，适当向居民收取一定费用，形成共同投入的发展模式。

第二种类型是更为市场化的小区改造，通常发生在人流量大、商机较多的城市中心位置。有些地方的建筑较有特色，可以形成居住、商业服务业的综合用途，一些老旧小区甚至可以彻底改为他用。这个时候，老旧小区的商业价值就体现出来了，就完全可以让更多的市场力量参与进来。

一些大型房地产商，比如万科等，已经开始在全国各地发展类似项目了。我自己也去实地调研过，项目效果非常好。第一，老旧小区改造以后，原有住户的居住环境得到了明显改善。第二，居住环境改善以后，对于房主来说，房屋租金能够上涨，尤其是一些临街的房子，可以进一步活租活用产生更大的商业价值。一些改造后的社区形成了新的消费场所和旅游景点，对于增加城区、街道的活力也发挥了积极作用。第三，还有一些老旧小区被改造成了青年公寓，又给青年人提供了更优质的居住空间。总的来看，这类改造产生了多赢的效果。

由此来看，老旧小区改造可以呈现出更多层次、适用于更多商业模式，根据不同层次的需求，可以尝试更加市场化或更公益性的方式。

我认为这些不同模式的背后，体现出了一些理念的更新。

第一个非常重要的理念，是各类供给模式发挥作用都有赖于对需求的精准识别。所谓精准识别需求，既包括老旧小区本身的居住功能，也包括老旧小区及周边潜在的一些其他功能，比如消费、服务业的功能，甚至文化历史保护的功能。要精准识别各种各样的需求，而且认识到需求的多层次性，这是非常重要的一个理念。

第二个非常重要的理念，是城市老旧小区改造本身会产生非常强的社会正外部性，需要关注各方面相关主体的利益，既包括正在居住的租户、小区原来的业主，也包括基层政府和那些参与改造项目的企业。改造过程即涉及如何在居民个体利益、社区群众利益甚至城市公共利益之中寻找最佳结合点的问题，也涉及城市治理模式改变的问题，因此，要积极进行多方协调，共同提升改造效果。

（原载 CF40 研究部 · 中国金融四十人论坛 2021 年 3 月 13 日）

真正能够拯救世界经济的，是新一轮技术革命

知识、信息、数据作为新生产要素，孕育出5G、人工智能、无人驾驶等一批具有颠覆意义的新产业、新模式。这些新业态激活了生产力，激发了新的经济发展动能。产品加速迭代，行业持续变革的时代，唯有与变革者同行，方能扎根中国走向世界。

2020年12月27日，由上海交通大学安泰经济与管理学院主办，上海交通大学安泰经管学院市场办学发展办公室承办，《每日经济新闻》特别支持的“安泰交响”新年论坛暨“安泰视界”年度盛典将在上海国际会议中心举行。

上海交通大学安泰经济与管理学院教授何帆将在本次论坛上作了题为《第一批上岸的鱼该怎么活下来：如何构建产业生态引领行业变革》的主旨演讲，理论结合实践，剖析经济新常态下，领先企业怎样构建并优化产业生态系统，从而驶上行业成长的“快车道”。

本次论坛开幕前，何帆教授接受了《每日经济新闻》记者的专访。他表示，中国要在重要产品的关键生产环节上，拥有自己的生产能力。经济复苏的突破口，关键不在于刺激政策，而在于新一轮技术革命。

《每日经济新闻》:2020 年,全球多个经济体都实施了量化宽松,这将对未来的全球资本流动和经济复苏产生怎样的影响?中国应如何应对?

何帆:全球金融危机之后,各国基本上一直保持着相对宽松的货币政策。而此次新冠肺炎疫情,则使发达国家进一步加快了货币宽松。

货币宽松政策更多体现在对需求端的影响,供给端其实并没有改善。这就在短期内形成了一个奇特的现象:在 2020 年下半年,中国庞大的制造业产能突然接到来自西方的大量订单。也就是说,西方国家创造了很多需求,这些需求则由中国制造业来满足。

大规模量化宽松也有可能导致美元持续走弱。全球经济形势虽然不乐观,但许多国家的股市在热钱的涌入下依然坚挺,越是疫情严重的国家,股市越坚挺。例如美国和印度的股指,明显被高估了,未来都有可能会出现调整。

从长期来看,如此巨量的量化宽松政策仍需要完善的退出机制。什么时候退出?以何种方式来退出?这都是我们非常关注的。

所以,未来可能的风险是,如果我们在退出过程中不慎重处理,有可能引发另外一场金融危机。同样,资产价格的调整,也可能会带来一些意想不到的负面冲击。

纵观全球,中国的货币政策比较谨慎的。中国现在主要关心两件事情:一是保增长,二是防风险。当然,这两者之间需要平衡。如果防风险,增长就会受到影响,增速就会放缓;如果保增长,"放水"就会提高风险。所以,我们其实是在"走钢丝",尽量保持平衡。

《每日经济新闻》:您曾经指出:双循环要解决两个关键矛盾,一是国内生产高度嵌入全球供应链的同时,却在关键环节和领域缺乏足够保障;二是中国崛起,中等收入阶层越来越需要品质更高的产品满足对美好生活的需求，但中国企业为满足外需已经积累起的强大生产能力却始终不能很好地服务国内的潜在需求。

站在行业和企业的角度，为解决这两大矛盾，中国企业和中国相关重点行业的下一步重点任务是什么？

何帆：这个问题，我们要从两个角度来看。

首先，要减少对全球经济的依赖程度。并不是说我们不要对外开放，而是指适度降低依赖。

在过去，我们奉行“效率至上”原则，做不好的事情就让别人来做。后来逐渐意识到应该遵循“效率和安全并重”的原则。中国要在重要产品的关键生产环节上，拥有自己的生产能力。

以往，按照“效率至上”原则，许多本土产业是无法生存的。但当我们实行“效率和安全并重”原则后，更多的企业就获得了生存空间。所以，未来中国经济发展的一条主线，就是许多行业国产化速度将明显加快。

举个例子，我的朋友曾告诉我，半导体行业国产化的速度比他们预想的还要快。事实上，很多重要行业都在发生着类似的变化。我们要把重要产品的关键生产环节重新梳理一遍，看看哪些短板是需要补上的。这将会是未来十年左右，产业发展和创业探索的主线。

从另一个角度来看，现在提出“内循环”，是由于我们意识到了中国经济的“任督二脉”还没有打通。

内循环其实无非就是四个环节：生产、流通、消费和分配。中国的生产环节没有问题，我们的生产能力是非常巨大的；消费环节也问题不大，中国已经成为中等收入国家，潜在国内市场规模足够大。

问题主要出在了流通环节和分配环节。

分配环节应更多关注政府政策的调整。应将重点放在共同富裕和公共服务供给上，提高幸福感和安全感。

流通环节来看，物流曾经是中国的短板，但未来有可能成为优势。随着基础设施水平的提高、电商等新模式的涌现，以及新技术、新手段的加入，都将促进物流行业效率的提升。

内陆地区也将在未来诞生新的中心城市，形成依托铁路、公路、内河航运和空运交织的物流网络。网络打通后，城市格局也将发生变化，随之而来的是产业格局的改变。

值得关注的是如何从流通环节来破局，让内循环更加畅通。

《每日经济新闻》：疫情给中小企业带来冲击。伴随着各行业的深度调整与转型升级，中小企业应如何应对疫情后的复苏与发展？

何帆：中小企业未来的生存压力会越来越大，这是不可避免的。

原来，中国许多行业的集中度太低。集中度提高，将成为未来各行业面临的共同变化，这是中国产业发展必然要经历的过程。

坦率地讲，中小企业在未来的竞争中会遇到越来越不利的局面。除非自己变成行业内的龙头企业，否则竞争对手将越来越多。生存的机会在于，利用中小企业灵敏的反应，来应对市场的最新变化。

举个例子，年轻人的崛起正在使消费需求越来越多元化。我们发现，上一代人偏爱国外品牌，而且只喜欢其中的几种。反观现在的年轻人，他们的需求更加多元化和个性化。所以，中小企业就算没有把自己做成国际大牌，只要能成为年轻人喜欢的“小趋势”品牌，就有生存空间。

中国拥有庞大的市场空间，考验着中小企业的嗅觉灵敏度，是否能够找到消费者中出现的“小趋势”。从宏观上来看，这种“小趋势”确实小，但对于企业和用户来说，其实是进化的大趋势。

《每日经济新闻》：RCEP 在疫情中成功签署。您如何看待

RCEP 对全球经济所产生的深远意义？

何帆：研究全球经济发展趋势，需要辩证来看待。

一方面，自 2018 年以来，贸易保护主义抬头趋势非常明显；另一方面，各国不愿意退回“闭关锁国”的状态。大家始终有个愿望，就是希望能够维持经济全球化的发展趋势。

在这样的背景下，RCEP 有效促进了多边主义的发展。我们可以看到，RCEP 成员国主要来自亚太地区，这就意味着亚太地区的经济体会形成区域生产网络，并进一步加强联系，这有着非常重要的意义。

举个例子，新冠肺炎疫情给全球汽车行业带来了严重的冲击。但我们仔细分析就会发现，韩国、中国以及欧洲等主要汽车产地所受到的冲击是不一样的。

受疫情影响，欧洲汽车订单减少，这属于需求冲击；由于多数零部件属高度定制化产品，欧洲订单减少导致其零部件供应国韩国等的出口受阻。另一方面，作为中国汽车产业零部件供应商，欧洲零部件供应的减少，导致中国汽车行业遇到了“供给冲击”。

假如我们能够直接在韩国与中国之间建立汽车零部件的供应链，再遇到类似的风险，受到的损失就会减少。

所以，RCEP 就是从政策层面，进一步巩固和维护了亚太地区经济体之间互惠互利的生态系统。

《每日经济新闻》：最后，想请您展望下新年经济的发展趋势。在您看来，2021 年经济恢复的突破口在哪里？重点任务是什么？

何帆：总体来讲，中国经济在 2021 年的发展趋势是不错的，制造业复苏的动力能够持续到 2021 年。我们期待，全球局势能够比 2020 年有所改善。

新的突破口可能来源于技术创新。我们看到，新冠肺炎疫情不仅没有延缓创新，反而在一些领域加速了创新的进程。值得关注的领域很多，例如5G自动驾驶、人工智能、工业自动化等技术都在逐渐落地。

技术革命是未来几年需要关注的最重要变量，未来真正能够拯救世界经济的是新一轮的技术革命。未来值得期待的是，通过技术革命催生出更多新型企业，从而带动更多新兴产业的发展。

（原载《每日经济新闻》2020年12月26日）

图书在版编目(CIP)数据

中国发展展望:共同富裕背景下的经济重构/夏立军主编.—上海:上海人民出版社,2021
ISBN 978-7-208-17422-1

Ⅰ.①中… Ⅱ.①夏… Ⅲ.①中国经济-经济发展-研究 Ⅳ.①F124

中国版本图书馆 CIP 数据核字(2021)第 224010 号

责任编辑 王笑潇
封面设计 张志全工作室

中国发展展望
——共同富裕背景下的经济重构
夏立军 主编
周伟民 副主编

出　　版 上海人民出版社
(201101 上海市闵行区号景路 159 弄 C 座)
发　　行 上海人民出版社发行中心
印　　刷 上海商务联西印刷有限公司
开　　本 787×1092 1/16
印　　张 16
插　　页 2
字　　数 181,000
版　　次 2021 年 12 月第 1 版
印　　次 2021 年 12 月第 1 次印刷
ISBN 978-7-208-17422-1/F·2718
定　　价 68.00 元